Impressum
Verlag: BABADADA GmbH, Nedderfeld 112 , 22529 Hamburg
Geschäftsführer / Verlagsleitung: Harald Hof
Druck: Books on Demand GmbH, In de Tarpen 42, 22848 Norderstedt

Imprint
Publisher: BABADADA GmbH, Nedderfeld 112 , 22529 Hamburg, Germany
Managing Director / Publishing direction: Harald Hof
Print: Books on Demand GmbH, In de Tarpen 42, 22848 Norderstedt

koulu
isikole

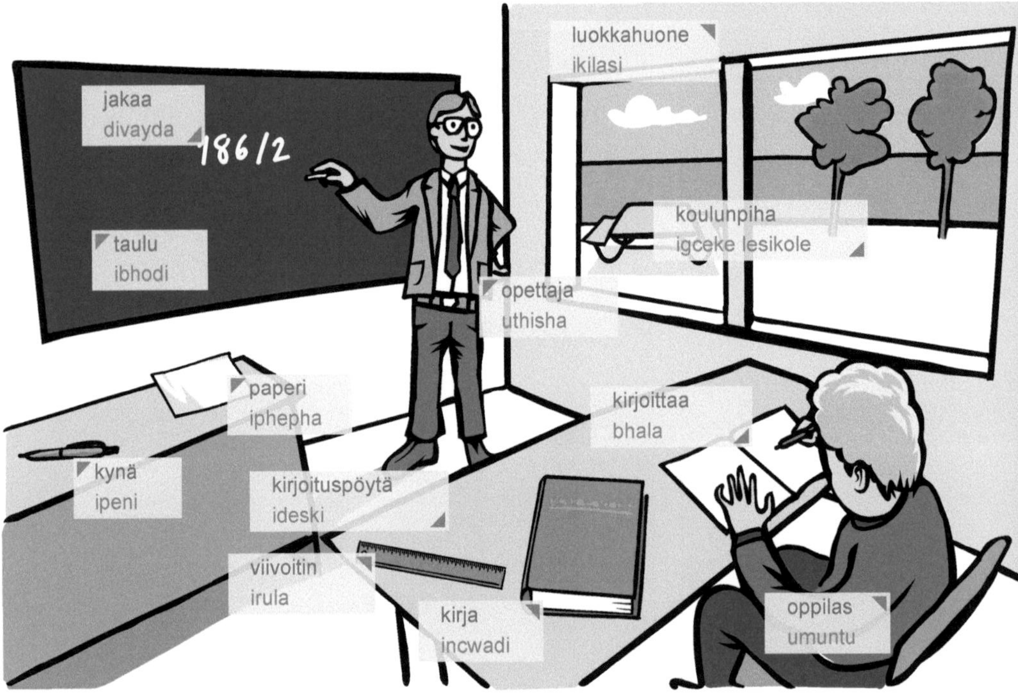

luokkahuone
ikilasi
jakaa
divayda
186/2
taulu
ibhodi
koulunpiha
igceke lesikole
opettaja
uthisha
paperi
iphepha
kirjoittaa
bhala
kynä
ipeni
kirjoituspöytä
ideski
viivoitin
irula
kirja
incwadi
oppilas
umuntu

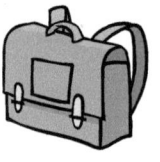

reppu

isikhwama

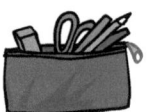

penaali

isikwama sepeni

lyijykynä

ipensela

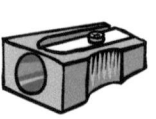

kynänteroitin

umshini wokulola

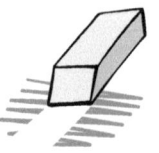

pyyhekumi

irabha

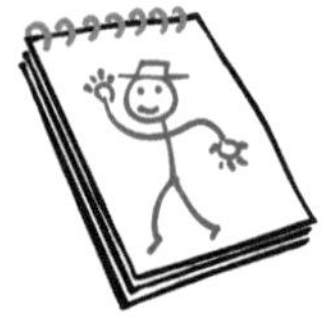

piirustuslehtiö

indawo yokudweba

piirustus
ukudweba

pensseli
ibrashi lokupenda

vesivärit
ibhokisi lokupenda

sakset
isikelo

liima
inomfi

harjoituskirja
incwadi yesikole

kotitehtävä
umsebenzi wasekhaya

luku
inamba

lisätä
hlanganisa

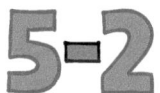

vähentää
susa

kertoa
phindaphinda

laskea
bala

kirjain
incwadi

aakkoset
izinhlamvu zamagama

sana
igama

teksti

umbhalo

lukea

funda

liitu

ushoki

oppitunti

isifundo

opettajan muistikirja

bhalisa

koe

isivivinyo

todistus

isitifiketi

koulupuku

iyunifomu yesikole

koulutus

imfundo

sanakirja

i-encyclopedia

yliopisto

inyuvesi

mikroskooppi

isibonakhulu

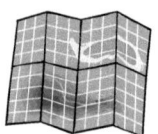

kartta

ibalazwe

roskakori

ibhaskidi yokulahla
amaphepha

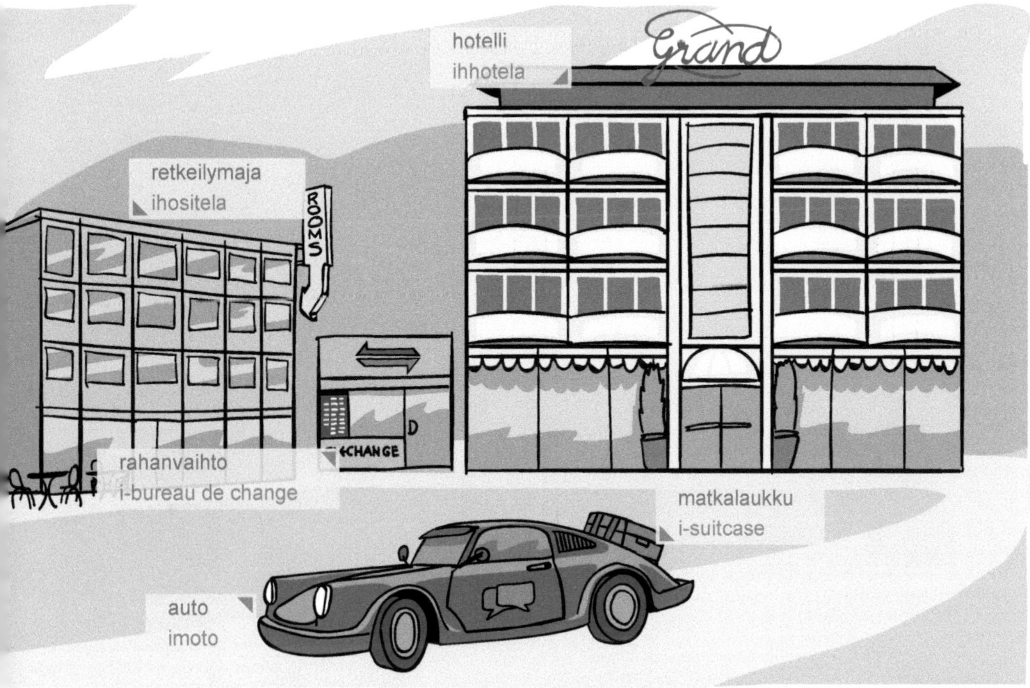

hotelli
ihhotela
Grand
retkeilymaja
ihositela
ROOMS
rahanvaihto
i-bureau de change
matkalaukku
i-suitcase
auto
imoto

kieli

ulimi

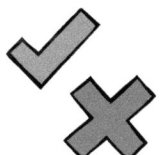

kyllä / ei

yebo / cha

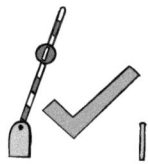

selvä

kulungile

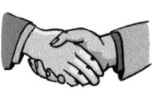

hei

sawubona

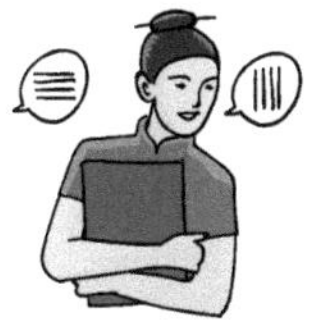

tulkki

umhumushi

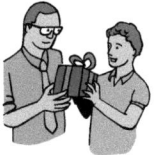

kiitos

Ngiyabonga

Paljonko...maksaa?

iyimalini i...?

en ymmärrä

angiqondi

ongelma

inkinga

Hyvää iltaa!

Intambama enhle!

Hyvää huomenta!

Sawubona!

Hyvää yötä!

Ulale kahle!

näkemiin

bye bye

suunta

isiqondiso

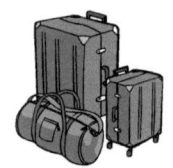

matkatavarat

izikhwama

laukku

isikhwama

reppu

ubhakha

vieras

isivakashi

huone

igumbi

makuupussi

isikhwama sokulala

teltta

ithende

turisti-info

imininingwane yamathoristi

ranta

ulwandle

luottokortti

ikhadi lesikweletu

aamupala

ukudla kwasekuseni

lounas

ukudla kwasemini

päivällinen

ukudla kwasebusuku

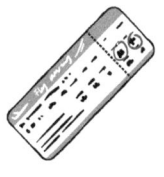

matkalippu

ithikithi

hissi

i-lift

postimerkki

isitembu

raja

ibhoda

tulli

amasiko

suurlähetystö

inxusa

viisumi

ivisa

passi

iphasiphothi

kuljetus
izinto zokuhamba

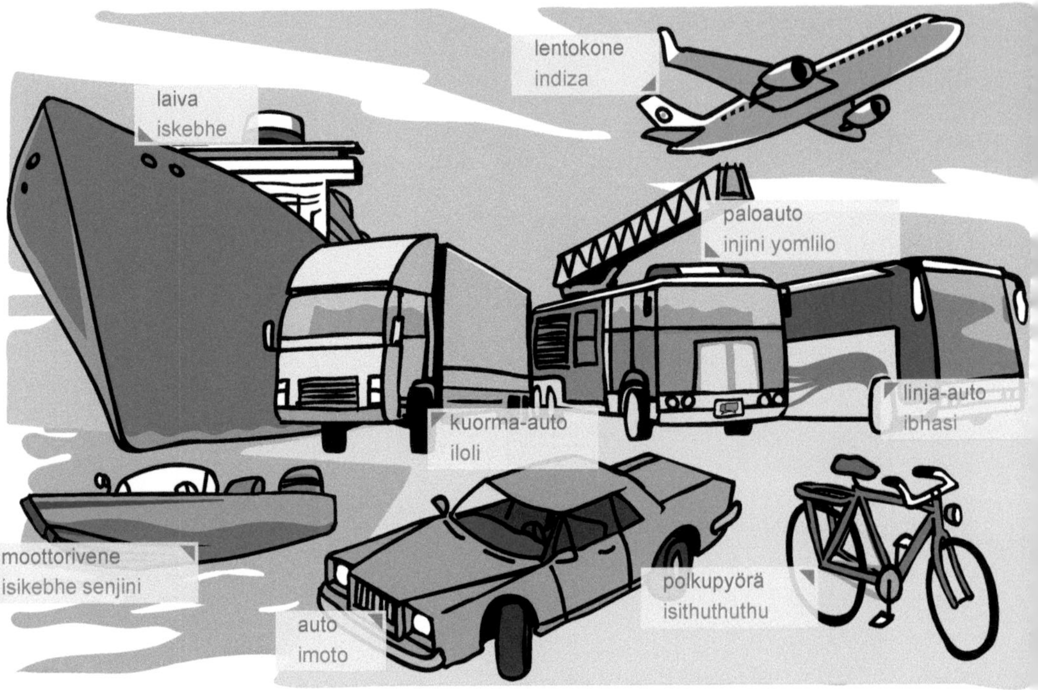

lentokone
indiza
laiva
iskebhe
paloauto
injini yomlilo
linja-auto
ibhasi
kuorma-auto
iloli
moottorivene
isikebhe senjini
polkupyörä
isithuthuthu
auto
imoto

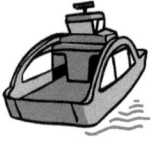

lautta
isikebhe

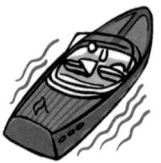

vene
isikebhe

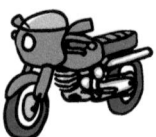

moottoripyörä
isithuthuthu

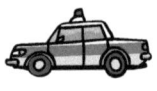

poliisiauto
imoto yamaphoyisa

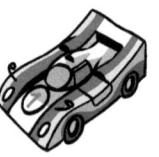

kilpa-auto
imoto ejahayo

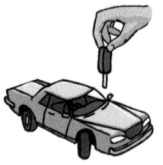

vuokra-auto
imoto eqashiwe

car sharing

ukurenta imoto

hinausauto

iloli eliphukile

roska-auto

ithrakhi

moottori

injini

polttoaine

amafutha

huoltoasema

indawo yokuthela uphethiloli

liikennemerkki

uphawu lwethrafikhi

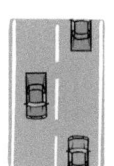

liikenne

ithrafikhi

ruuhka

ithrafikhi enkulu

parkkipaikka

indawo yokupaka izimoto

rautatieasema

isitashi sesitimela

raiteet

amaloli

juna

isitimela

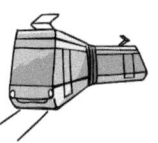

raitiovaunu

ithilamu

vaunu

inqola

helikopteri

ihelikhoptha

lentokenttä

isikhungo sezindiza

lähilennonjohto

umphongolo

matkustaja

iphasenja

kontti

ikhonteyna

pahvilaatikko

ikhathoni

kärryt

inqola

kori

ubhasikidi

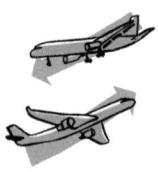

nousta / laskea

ukusuka / ukwehla

kaupunki

idolobha

kylä

isigodi

keskusta

i-city centre

talo

indlu

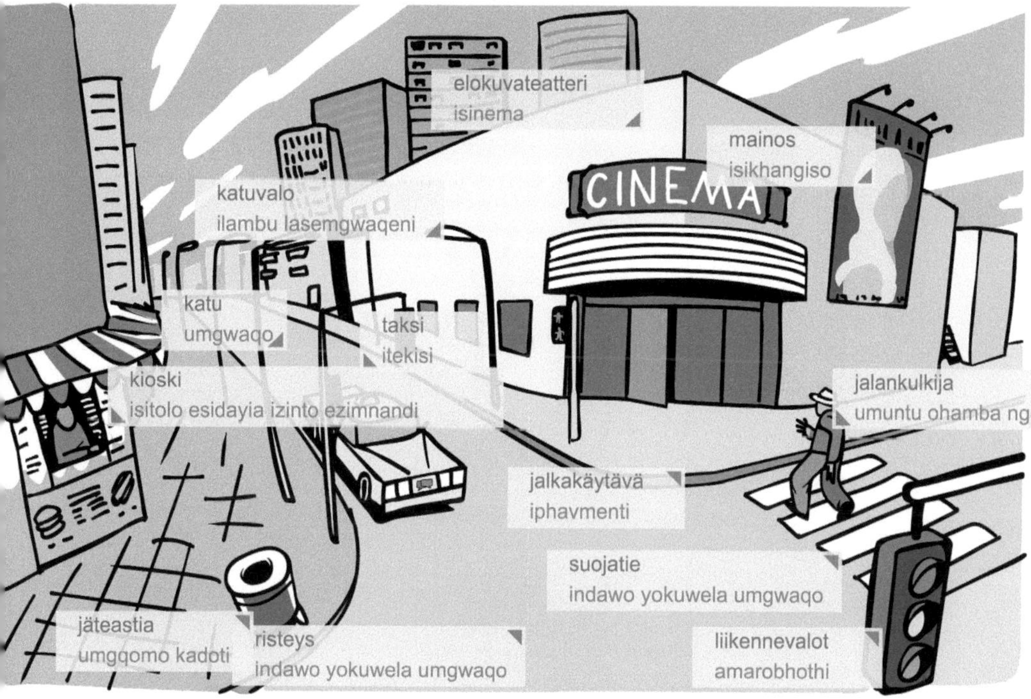

elokuvateatteri
isinema

mainos
isikhangiso

katuvalo
ilambu lasemgwaqeni

katu
umgwaqo

taksi
itekisi

kioski
isitolo esidayia izinto ezimnandi

jalankulkija
umuntu ohamba nge

jalkakäytävä
iphavmenti

suojatie
indawo yokuwela umgwaqo

jäteastia
umgqomo kadoti

risteys
indawo yokuwela umgwaqo

liikennevalot
amarobhothi

mökki
indlu yodaka

kerrostalo
i-flat

rautatieasema
isitashi sesitimela

kaupungintalo
i-town hall

museo
imuzilemu

koulu
isikole

kaupunki - idolobha

yliopisto

inyuvesi

pankki

ibhange

sairaala

isibhedlela

hotelli

ihhotela

apteekki

ikhemisi

toimisto

i-ofisi

kirjakauppa

isitolo sezincwadi

liike

esitolo

kukkakauppa

istolo sezimbali

supermarketti

emakethe enkulu

tori

imakethe

tavaratalo

isitolo somnyango

kalakauppias

i-fishmonger's

ostoskeskus

isikhungo sezitolo

satama

isikhungo semikhumbi

puisto

ipaki

penkki

ibhentshi

silta

ibhuloho

portaat

izitezi

metro

ngaphansi komhlaba

tunneli

umhubhe

linja-autopysäkki

istobhu sebhasi

baari

i-bar

ravintola

isitolo sokudlela

postilaatikko

eposini

katukyltti

uphawu lwasemgwaqeni

parkkimittari

umshini wokukhokhela
ukupaka

eläintarha

esiqiwini

uimala

indawo yokubhukuda

moskeija

i-mosque

maatila

ifamu

ympäristön saastuminen

ukungcola

hautausmaa

amagcwaba

kirkko

isonto

leikkikenttä

igrawundi lokudlala

temppeli

ithempeli

maisema

ingadi

lehti
icembe

tienviitta
mpambano mgwaqo

tie
indlela

niitty
idlelo

kivi
itshe

puu
isihlahla

retkeilijä
umqwali wezintaba

joki
umfula

ruoho
utshani

kukka
imbali

laakso

isigodi

vuori

intaba

järvi

ichibi

metsä

ihlathi

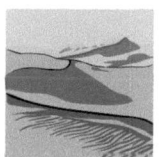

aavikko

ogwadule

tulivuori

intaba mlilo

linna

isigodlo

sateenkaari

uthingo

sieni

ikhowe

palmu

isihlahla sesundu

hyttynen

umiyane

kärpänen

ukundiza

muurahainen

intuthwane

mehiläinen

inyosi

hämähäkki

isicabucabu

kovakuoriainen

ibhungane

sammakko

ixoxo

orava

i-squirrel

siili

i-hedgehog

jänis

unogwaja

pöllö

isikhova

lintu

izinyoni

joutsen

idada

villisika

intibane

peura

inyamazane

hirvi

i-moose

pato

idamu

tuulimylly

i-wind turbine

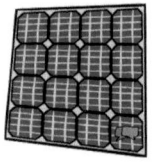

aurinkopaneeli

i-solar panel

ilmasto

isimo sezulu

ravintola
isitolo sokudlela

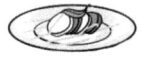

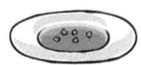

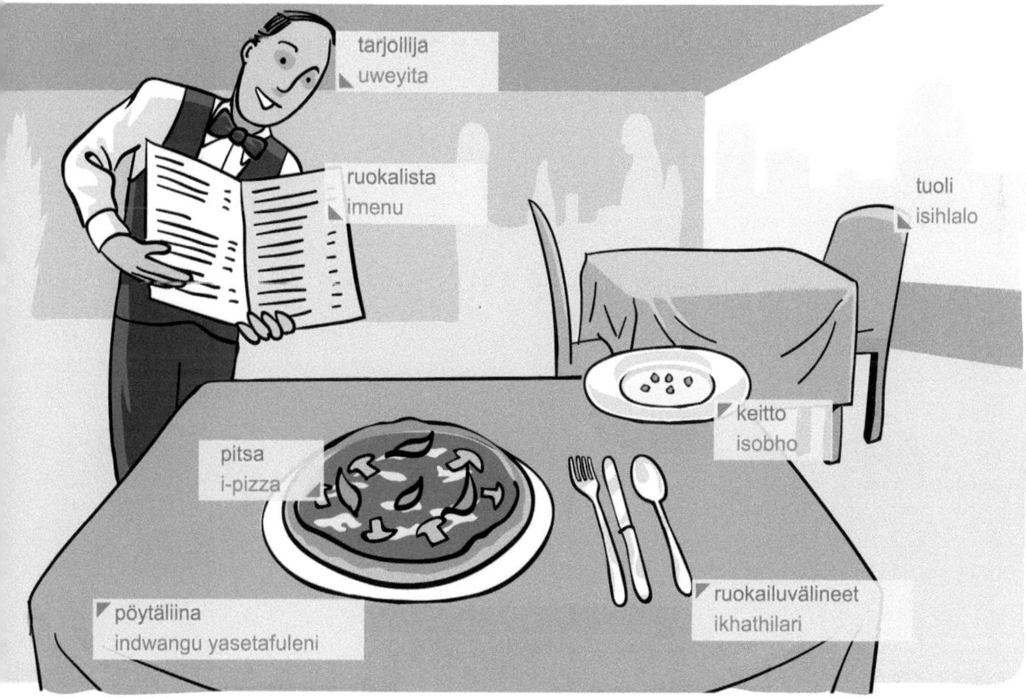

tarjoilija
uweyita
ruokalista
imenu
tuoli
isihlalo
keitto
isobho
pitsa
i-pizza
pöytäliina
indwangu yasetafuleni
ruokailuvälineet
ikhathilari

alkuruoka

ukudla okulula

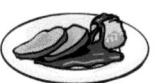

pääruoka

isidlo

jälkiruoka

idizethi

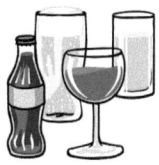

juomat

iziphuzo

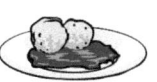

ruoka

ukudla

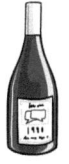

pullo

ibhodlela

pikaruoka
ukudla okulula

katuruoka
ukudla okudayiswa
emgwaqeni

teekannu
ithiphothi

sokeriastia
isitsha sikashukela

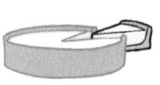

annos
ingxenye

espressokeitin
umshini we-ekspreso

syöttötuoli
isitulo esiphezulu

lasku
izindleko

tarjotin
ithreyi

veitsi
ummese

haarukka
imfologo

lusikka
ispuni

teelusikka
ithispuni

servietti
indawo yokusula umlomo

lasi
igilasi

lautanen

ipuleti

syvä lautanen

ipuleti lesobho

aluslautanen

isoso

kastike

isosi

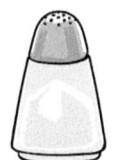

suolasirotin

isitsha sasawoti

pippurimylly

isitsha sephepha

etikka

uviniga

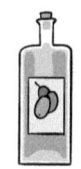

öljy

amafutha

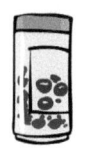

mausteet

izinongo

ketsuppi

isosi yetamatisi

sinappi

isosi yesinaphi

majoneesi

imayonesi

supermarketti
emakethe enkulu

tarjous
amanani akhethekile
FOR
asiakas
ikhasimende
maitotuotteet
ukudla okwenziwe ngobisi
hedelmät
isithelo
ostoskärryt
ithroli

BUTCHERS

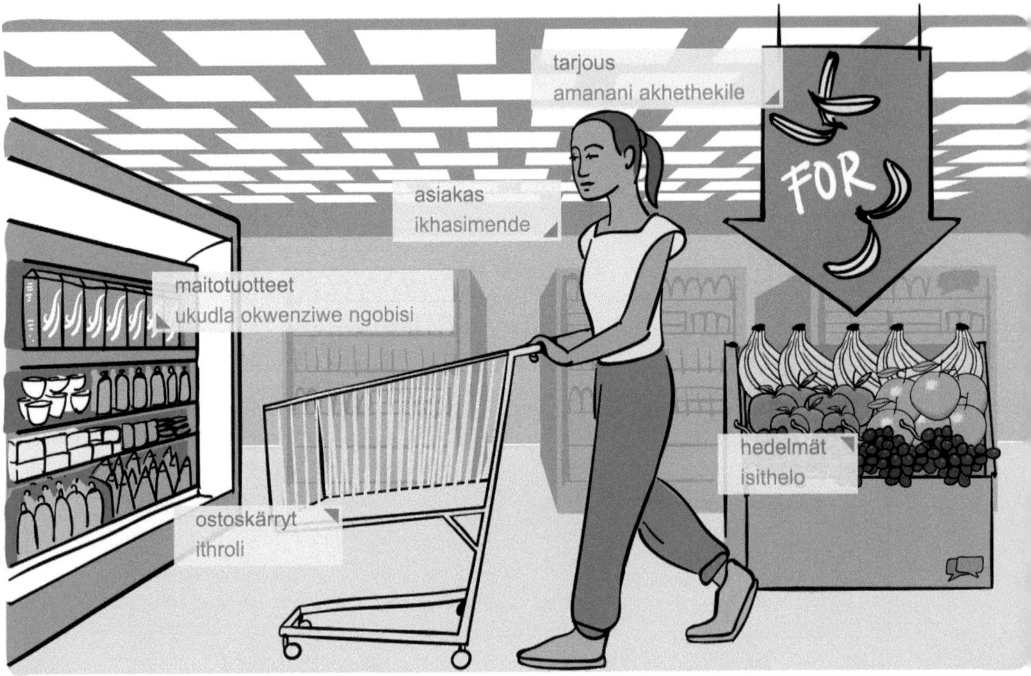

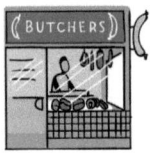

teurastamo

ebhusha

BAKERY

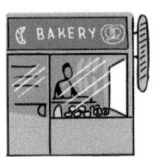

leipomo

isitolo esidayisa isinkwa

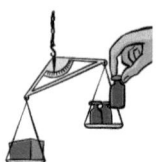

punnita

kala

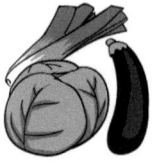

kasvikset

amaveji

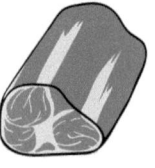

liha

inyama

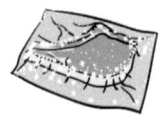

pakasteet

ukudla okubandayo

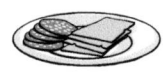

leikkele
inyama ebandayo

säilykkeet
ukudla okusethinini

pesujauhe
insipho yokuwasha
enguphawuda

makeiset
oswidi

kotitaloustarvikkeet
izinto zasendlini

puhdistusaineet
izinto zokuhlanza

myyjä
umuntu odayisayo

kassa
ithili

kassanhoitaja
umbali wemali

ostoslista
zinto okumelwe zithengwe

aukioloajat
amahora okuvula

lompakko
uwolethi

luottokortti
ikhadi lesikweletu

kassi
isikhwama

muovipussi
isikwama sepulastiki

vesi

amanzi

mehu

ijusi

maito

ubisi

kokis

i-coke

viini

iwayini

olut

ubhiya

alkoholi

utshwala

kaakao

i-cocoa

tee

itiye

kahvi

ikhofi

espresso

i-ekspreso

cappuccino

ikhaphachino

banaani

ubhanana

omena

i-apula

appelsiini

i-olintshi

meloni

ikhabe

sitruuna

ulamula

porkkana

ukherothi

valkosipuli

ugaligi

bambu

umhlanga

sipuli

u-anyanisi

sieni

ikhowe

pähkinät

amakinati

spagetti

ama-noodle

spagetti

isipagethi

riisi

iraysi

salaatti

isaladi

ranskalaiset

ama-chips

paistetut perunat

amazambane athosiwe

pitsa

i-pizza

hampurilainen

ibhega

voileipä

isendiwichi

leike

inyama engenathambo

kinkku

ham

salami

salami

makkara

isoseji

kana

inkukhu

paisti

yosiwe

kala

inhlanzi

kaurahiutaleet

iphalishi le-oats

mysli

i-muesli

murot

ama-cornflakes

jauho

uflulawa

voisarvi

i-croissant

sämpylä

isinkwa esiyiroli

leipä

isinkwa

paahtoleipä

i-toast

keksit

amabhiskidi

voi

ibhotela

rahka

i-curd

kakku

ikhekhe

kananmuna

iqanda

paistettu kananmuna

iqanda elithosiwe

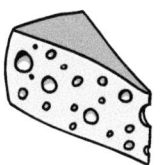

juusto

ushizi

jäätelö

i-ice cream

sokeri

ushukela

hunaja

uju

hillo

ujamu

suklaapähkinälevite

ispredi sikashokholedi

curry

isitshulu

maatila
ifamu

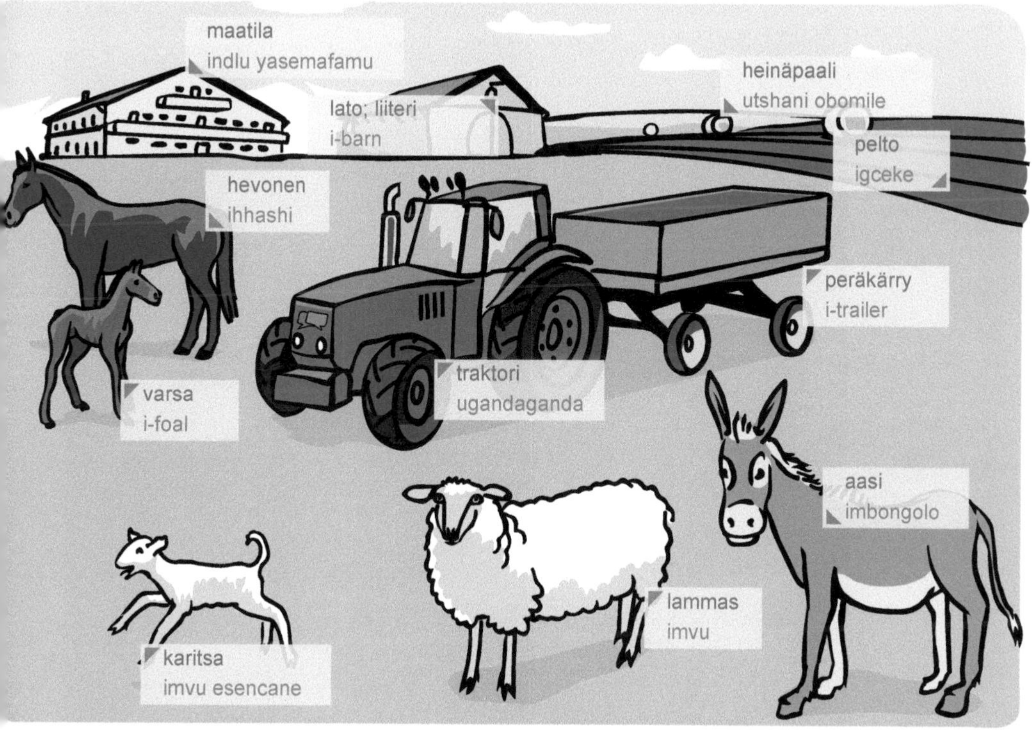
maatila
indlu yasemafamu
lato; liiteri
i-barn
heinäpaali
utshani obomile
pelto
igceke
hevonen
ihhashi
peräkärry
i-trailer
traktori
ugandaganda
varsa
i-foal
aasi
imbongolo
lammas
imvu
karitsa
imvu esencane

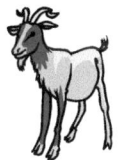

vuohi
imbuzi

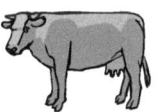

lehmä
inkomo

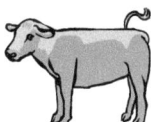

vasikka
ithole

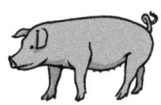

sika
ingulube

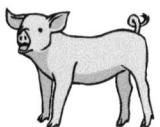

porsas
ingulube esencane

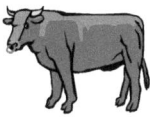

sonni
inkunzi

hanhi

ihansi

ankka

idada

tipu

ichwane

kana

isikhukhukazi

kukko

iqhude

rotta

igundwane

kissa

ikati

hiiri

igundwane

härkä

inkabi

koira

inja

koirankoppi

indlu yenja

puutarhaletku

ipayipi lokunisela

kastelukannu

ikani lokunisela

viikate

ucelemba

aura

igeja

sirppi
isikela

kuokka
ukhuba

talikko
imfoloko

kirves
imbazo

kottikärryt
ibhala

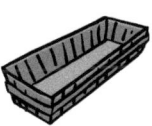

kaukalo
umkhombe

maitokannu
ubusi olusekanini

säkki
isaka

aita
ifensi

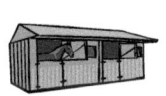

talli
esitebhilini

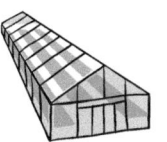

kasvihuone
i-greenhouse

maa
inhlabathi

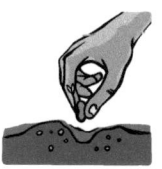

siemen
imbewu

lannoite
umanyolo

leikkuupuimuri
ukuvuna okuhlanganisiwe

kerätä sato

vuna

sato

isivuno

jamssit

ama-yam

vehnä

ukolweni

soija

umbhontshisi

peruna

amazambane

maissi

ummbila

rypsi

i-rapeseed

hedelmäpuu

isihlahla sezithelo

maniokki

umdumbula

vilja

amasiriyeli

talo
indlu

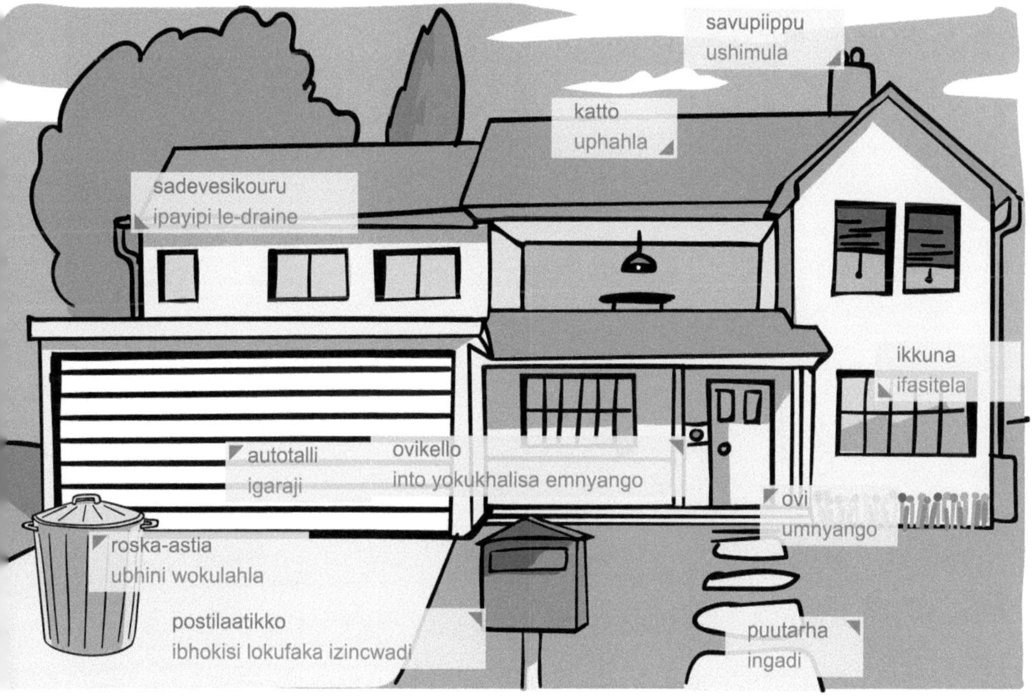
savupiippu
ushimula
katto
uphahla
sadevesikouru
ipayipi le-draine
ikkuna
ifasitela
autotalli
igaraji
ovikello
into yokukhalisa emnyango
ovi
umnyango
roska-astia
ubhini wokulahla
postilaatikko
ibhokisi lokufaka izincwadi
puutarha
ingadi

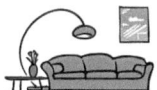

olohuone
igumbi lokuhlala

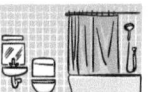

kylpyhuone
igumbi lokugeza

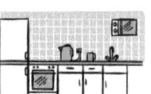

keittiö
ikhishi

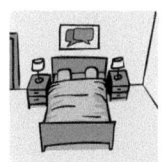

makuuhuone
igumbi lokulala

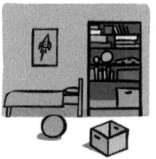

lastenhuone
igumbi lezingane

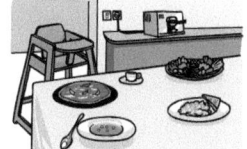

ruokahuone
igumbi lokudlela

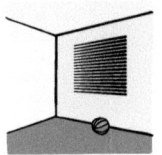

lattia
....
phansi

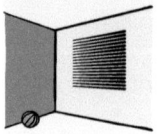

seinä
....
udonga

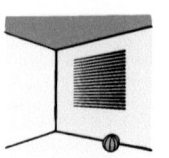

katto
....
usilingi

kellari
....
i-cella

sauna
....
i-sauna

parveke
....
ibhalconi

terassi
....
i-terrace

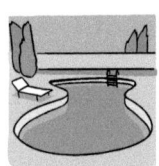

uima-allas
....
iphuli

ruohonleikkuri
....
umshin wokugunda utshani

lakana
....
ishidi

päiväpeitto
....
ingubo yokulala

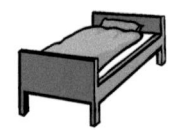

sänky
....
umbhede

harja
....
umshanelo

ämpäri
....
ibhakede

katkaisin
....
i-switch

olohuone

igumbi lokuhlala

tapetti
i-wallpaper
kuva
isithombe
lamppu
ilambu
hylly
ishalofu
kaappi
ibhodi lenkomishi
televisio
umabonakude
takka
indawo yomlilo
kukka
imbali
tyyny
ikhushini
sohva
usofa
maljakko
ivasi
kaukosäädin
i-remote control

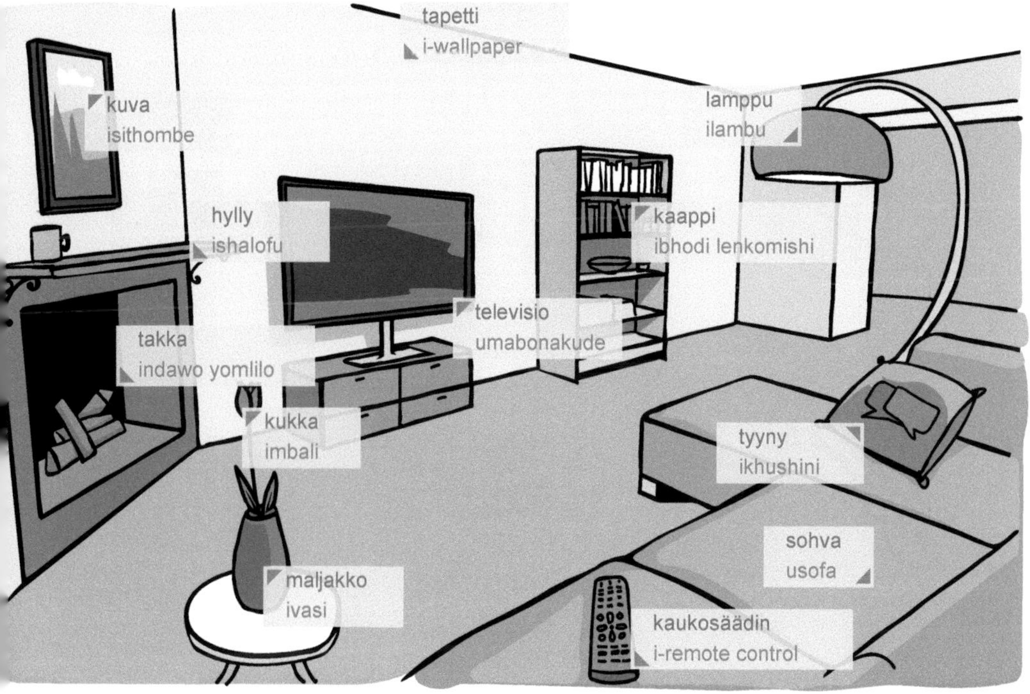

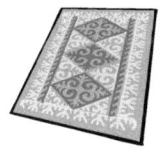

matto

ukhaphethe

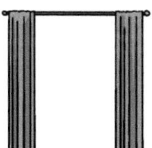

verho

ikhethini

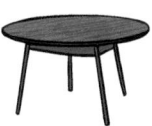

pöytä

itafula

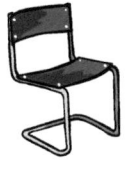

tuoli

isihlalo

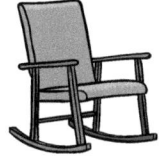

keinutuoli

isihlalo esinyakazayo

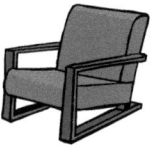

nojatuoli

isihlalo esingangengalo

kirja

incwadi

peitto

ingubo

koriste

ukuhlobisa

polttopuut

izinkuni zokubasa

elokuva

ifilimu

stereot

izinto ze-hi-fi

avain

ukhiye

sanomalehti

iphephandaba

maalaus

ukupenda

juliste

iphosta

radio

umsakazo

muistivihko

i-notepad

pölynimuri

ihuva

kaktus

i-cactus

kynttilä

ikhandlela

keittiö
ikhishi

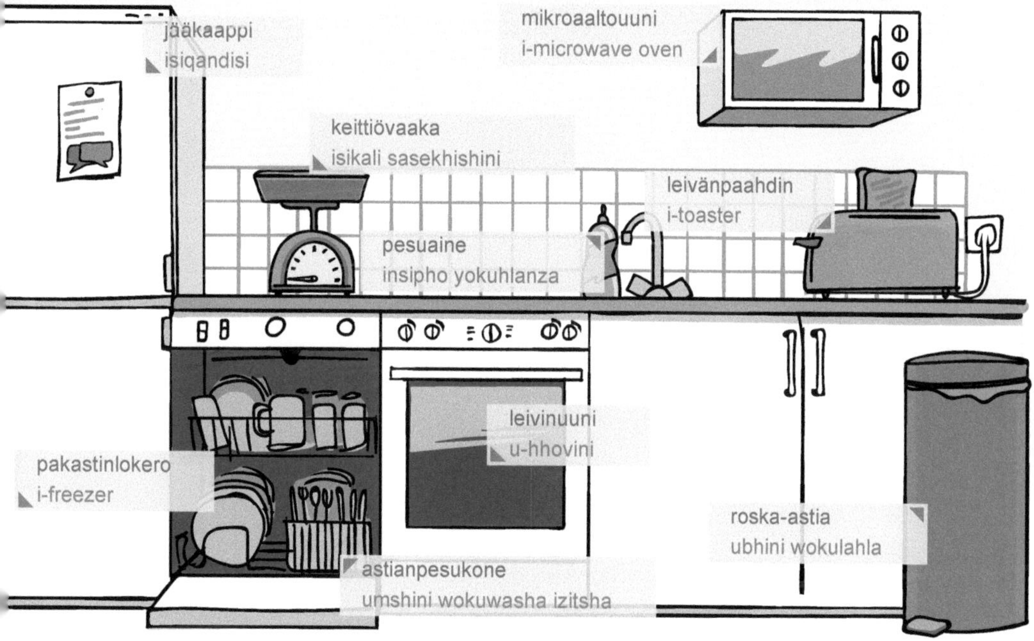

jääkaappi
isiqandisi
mikroaaltouuni
i-microwave oven
keittiövaaka
isikali sasekhishini
leivänpaahdin
i-toaster
pesuaine
insipho yokuhlanza
leivinuuni
u-hhovini
pakastinlokero
i-freezer
roska-astia
ubhini wokulahla
astianpesukone
umshini wokuwasha izitsha

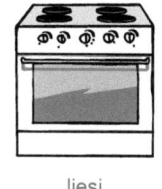

liesi

umshini wokupheka

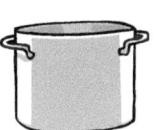

kattila

ibhodwe

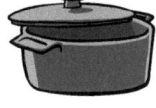

rautapata

ibhodwe le-cast iron

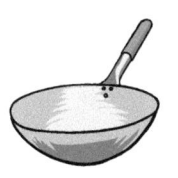

vokkipannu / kadai-pannu

i-wok / kadai

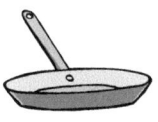

paistinpannu

ipani

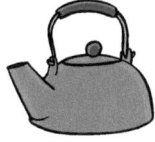

teepannu

iketela

höyrykeitin

i-steamer

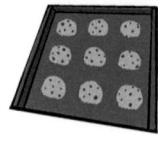

uunipelti

ithreyi lokubhaka

astiat

izitsha zokudla

muki

imaki

kulho

isitsha

syömäpuikot

izinti zendwangu

kauha

isixembe sokuphaka

paistinlasta

ispathula

vispilä

i-whisk

siivilä

i-strainer

siivilä

isisefo

raastin

igretha

mortteli

isitsha sodaka

grilli

i-barbecue

avotuli

umlilo

leikkuulauta

ibhodi lokuqoba

kaulin

ipini lokurola

korkinavaaja

iskrew

purkki

ikani

purkinavaaja

into yokuvula ikani

pannulappu

indwangu yokubamba
ibhodwe

lavuaari

usinki

tiskiharja

i-brush

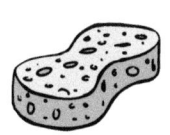

pesusieni

isiponji

tehosekoitin

ibhlenda

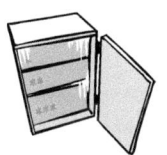

pakastin

i-deep freezer

tuttipullo

ibhodlela lengane

vesihana

umpompi

kylpyhuone
igumbi lokugeza

lämmitys
isifudumezo
suihku
ishawa
pyyhe
ithawula
suihkuverho
ikhethini leshawa
vaahtokylpy
insipho yokugeza eyenza amagwebu
kylpyamme
ubhavu
lasi
igilasi
pesukone
umshini wokuwasha
vesihana
umpompi
kaakelit
amathayizi
potta
ithoyilethi lezingane
lavuaari
usinki

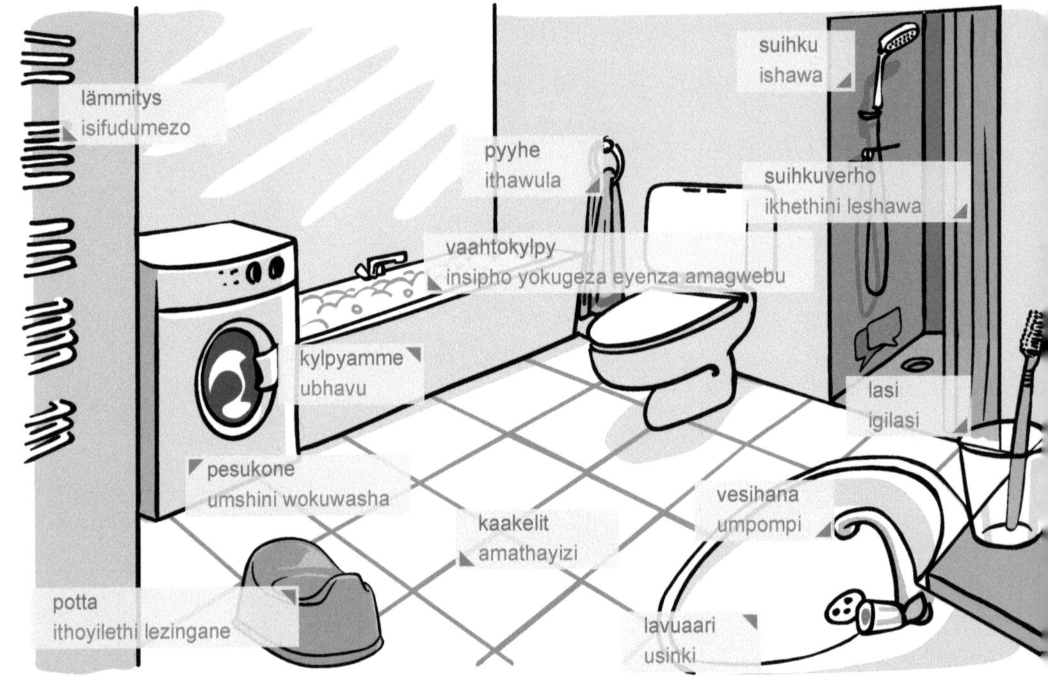

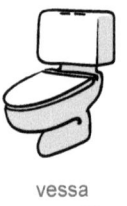

vessa

ithoyilethi

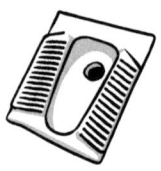

kyykkyvessa

ithoyilethi oqoshama kuyo

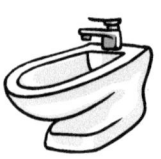

bidee

ithoyilethi le-bidet

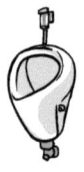

pisuaari

ithoyilethi lokuchama labesilisa

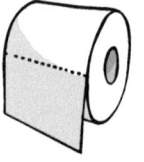

vessapaperi

iphepha lasethoyilethi

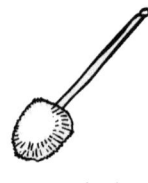

vessaharja

ibhrashi lasethoyilethi

hammasharja

ibhrashi lamazinyo

hammastahna

insipho yamazinyo

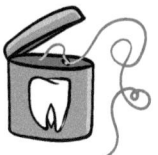

hammaslanka

into yokuvungula

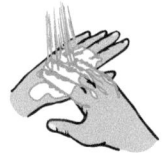

pestä

washa

käsisuihku

ishawa ebanjwa ngesandla

intiimisuihku

uchatho

pesuvati

u-basini

selkäharja

ibrashi lomhlane

saippua

insipho

suihkugeeli

ijeli yeshawa

shampoo

ishampu

pesulappu

ishethi lesikoshi

viemäri

i-drain

voide

ukhilimu

deodorantti

into yokugcoba
amakhwapha

peili

isibuko

käsipeili

isibuko esiphathwa
ngesandla

partaveitsi

ireyza

partavaahto

igwebu lokushefa

partavesi

umuthi ogcotshwa ngemva
kokushefa

kampa

ikama

harja

ibhrashi

hiustenkuivaaja

into yokomisa izinwele

hiuslakka

ispreyi sezinwele

meikki

i-makeup

huulipuna

into yokugcoba umlomo

kynsilakka

into yokususa upende
wezinzipho

pumpuli

uwuli kakotini

kynsisakset

isikelo sezinzipho

hajuvesi

isigqolo

kosmetiikkalaukku

isikhwama sezinto
zokugeza

jakkara

isitulo

vaaka

isikali

kylpytakki

ingubo yokugeza

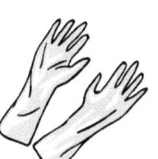

kumihansikkaat

amagilavu erabha

tamponi

ithemponi

terveysside

iphedi yasesikhathini

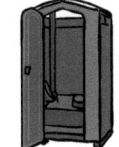

kemiallinen wc

ithoyilethi lekhemikhali

lastenhuone
igumbi lezingane

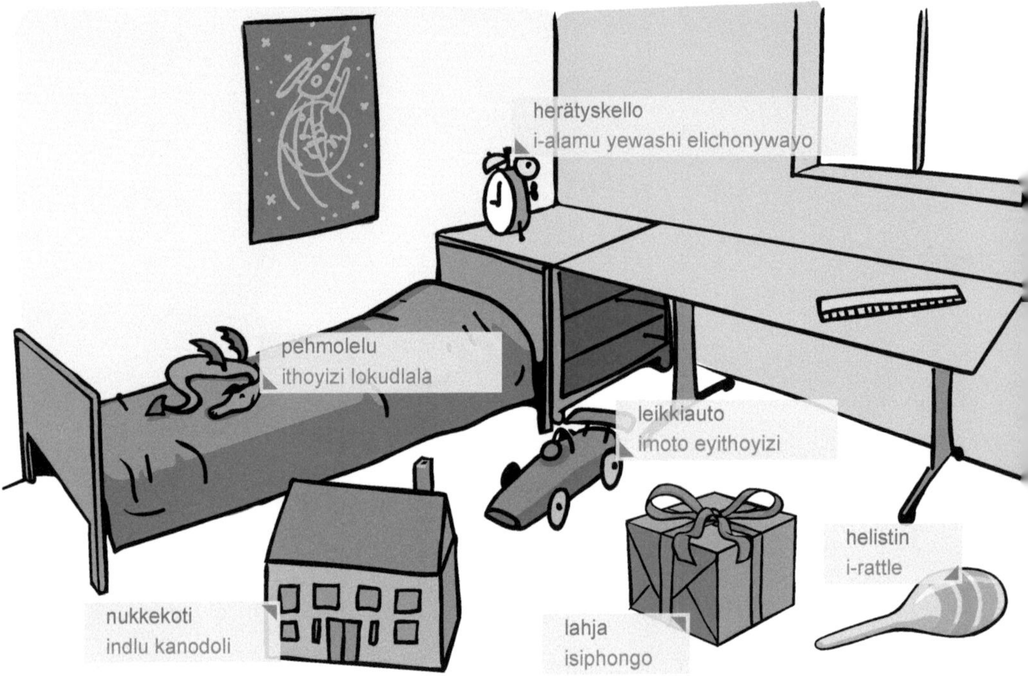
herätyskello
i-alamu yewashi elichonywayo
pehmolelu
ithoyizi lokudlala
leikkiauto
imoto eyithoyizi
helistin
i-rattle
nukkekoti
indlu kanodoli
lahja
isiphongo

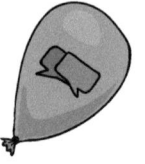

ilmapallo

ibhaluni

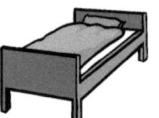

sänky

umbhede

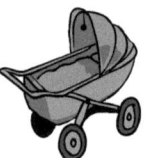

lastenvaunut

iphremu

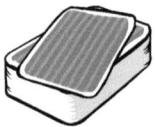

korttipeli

amakhadi

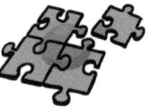

palapeli

i-jigsaw

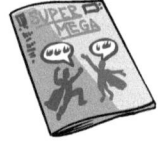

sarjakuva

indaba edwetshiwe

legopalikat

amabrick elego

rakennuspalikat

amabhuloksi okwakha

supersankari

unodoli weqhawe

potkupuku

izimpahla zezingane

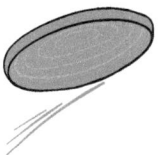

frisbee

i-frisbee

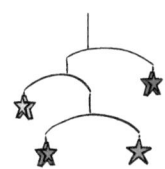

mobile

amathoyizi ezingane
alengayo

lautapeli

ibhodi lokudlala igemu

noppa

idayisi

pienoisjunarata

isethi yesitimela

tutti

idemu

juhlat

iphathi

kuvakirja

incwadi yezithombe

pallo

ibhola

nukke

unodoli

leikkiä

dlala

hiekkalaatikko

umgodi wenhlabathi

keinu

uzwinki

lelut

amathoyizi

pelikonsoli

umshini wamavidiyo geymu

kolmipyörä

ibhayisikili elinemasondo amathathu

nalle

uthedibhe

vaatekaappi

u-wardrobe

vaatteet

izimpahla

sukat

amasokisi

nylonsukat

amastokhingi

sukkahousut

amathayithi

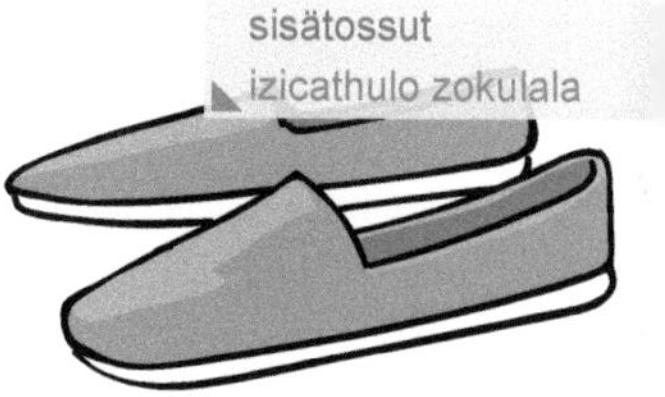

kaulaliina
isikhafu

vyö
ibhande

sateenvarjo
i-amburela

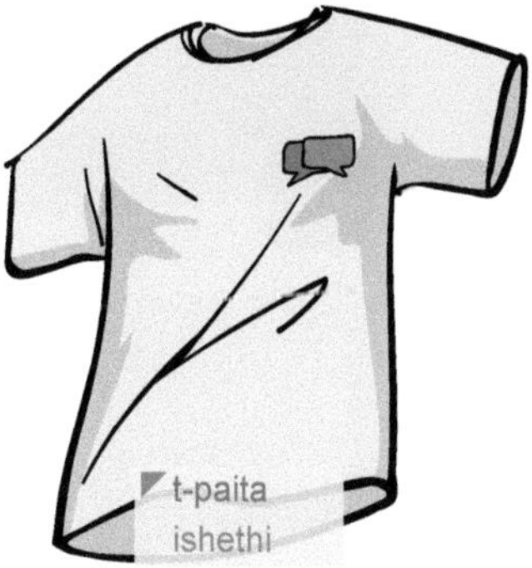

t-paita
ishethi

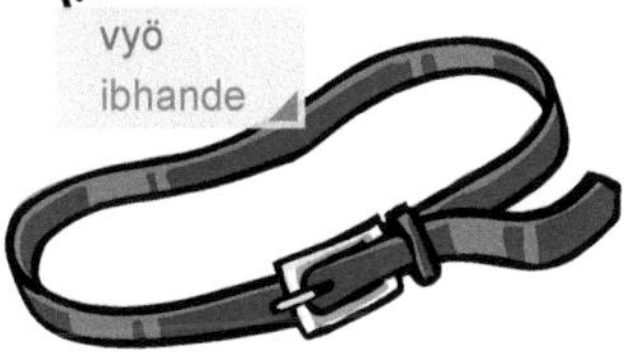

saappaat
amabhuthi

sisätossut
izicathulo zokulala

lenkkarit
abaqeqeshi

sandaalit

amasandali

kengät

izicathulo

kumisaappaat

amabhuthi erabha

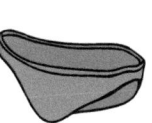

alushousut

iphenti

rintaliivit

u-bra

aluspaita

ivesti

body
umzimba

housut
amabhulukwe

farkut
amajini

hame
isiketi

pusero
isikibha

paita
ishethi

villapaita
ijezi elinezigqoko

collegepaita
i-hoodie

jakku
ibhuleyiza

takki
ijakhethi

takki
ijazi

sadetakki
i-raincoat

puku
ikhosyumu

mekko
ingubo

hääpuku
ingubo yomshado

puku

isudu

yöpaita

ingubo yokulala

pyjama

amaphijama

shari

ingubo yesari

päähuivi

isikhafu

turbaani

isigqoko se-turban

burka

ibhukha

kaftaani

ingubo yekaftani

abaya

abaya

uimapuku

impahla yokubhukuda

uimahousut

amathranki

shortsit

isikhindi

verkkarit

i-tracksuit

esiliina

ingubo yokupheka

käsineet

amagilavu

nappi

ibhathini

silmälasit

izibuko

rannekoru

ibhengela

kaulakoru

umgexo

sormus

indandatho

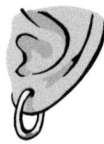

korvakoru

amacici

lippalakki

ikepisi

ripustin

into yokuhenga ijazi

hattu

isigqoko

solmio

uthayi

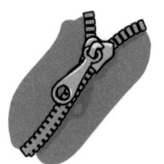

vetoketju

uziphu

kypärä

ihelmethi

henkselit

ama-braces

koulupuku

iyunifomu yesikole

univormu

iyunifomu

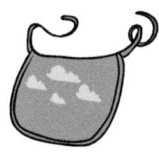

ruokalappu

ibhayi lengane

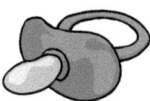

tutti

idemu

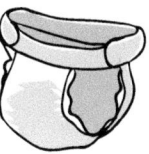

vaippa

inabukeni

toimisto
i-ofisi

palvelin
iseva
asiakirjakaappi
ikhabethe lamafayela
tulostin
umshin wokuphrinta
paperi
iphepha
näyttö
imonitha
kirjoituspöytä
ideski
hiiri
imawusi
kansio
ifolda
näppäimistö
ikhibhodi
ɔskakori
ɔhaskidi yokulahla amaphepha
tuoli
isihlalo
tietokone
ikhompyutha

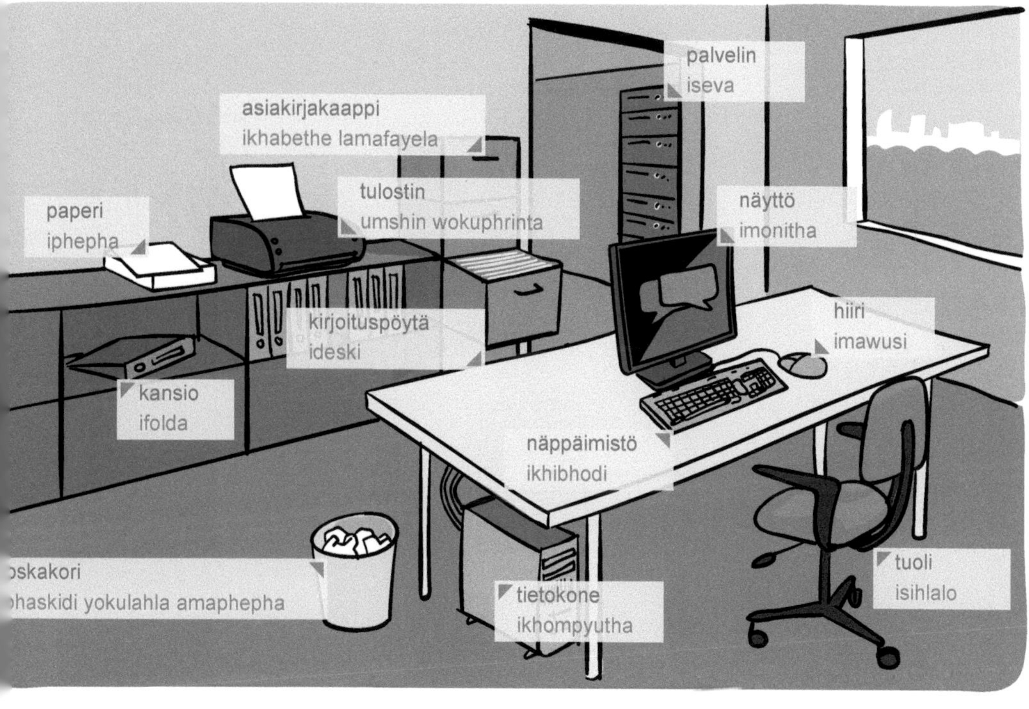

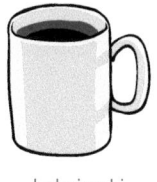

kahvimuki

imagi yekhofi

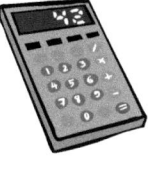

taskulaskin

ikhalkhuletha

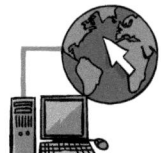

internet

i-inthanethi

kannettava tietokone

ilephuthophu

kirje

incwadi

viesti

umyalezo

kännykkä

ifoni

verkko

inethiwekhi

kopiokone

ifothokhophi

ohjelmisto

i-software

puhelin

ucingo

pistorasia

indawo yokupulaka

faksi

umshini wokufeksa

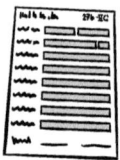

lomake

ifomu

asiakirja

idokhumenti

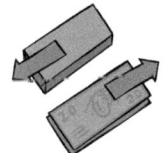

ostaa

thenga

maksaa

khokha

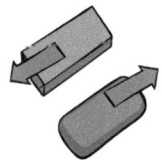

vaihtaa

shintshana

raha

imali

dollari

idola

euro

i-euro

jeni

iyen

rupla

i-rouble

frangi

iSwiss franc

renminbi juan

i-renminbi yuan

rupia

i-rupee

pankkiautomaatti

umshini wokukhipha imali

rahanvaihto

i-bureau de change

kulta

igolide

hopea

isiliva

öljy

amafutha

energia

amandla

hinta

inani lemali

sopimus

ukuxhumana

vero

intela

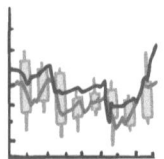

osake

isitokwe

työskennellä

sebenza

työntekijä

isisebenzi

työnantaja

umqashi

tehdas

ifekthri

liike

esitolo

ammatit
imisebenzi

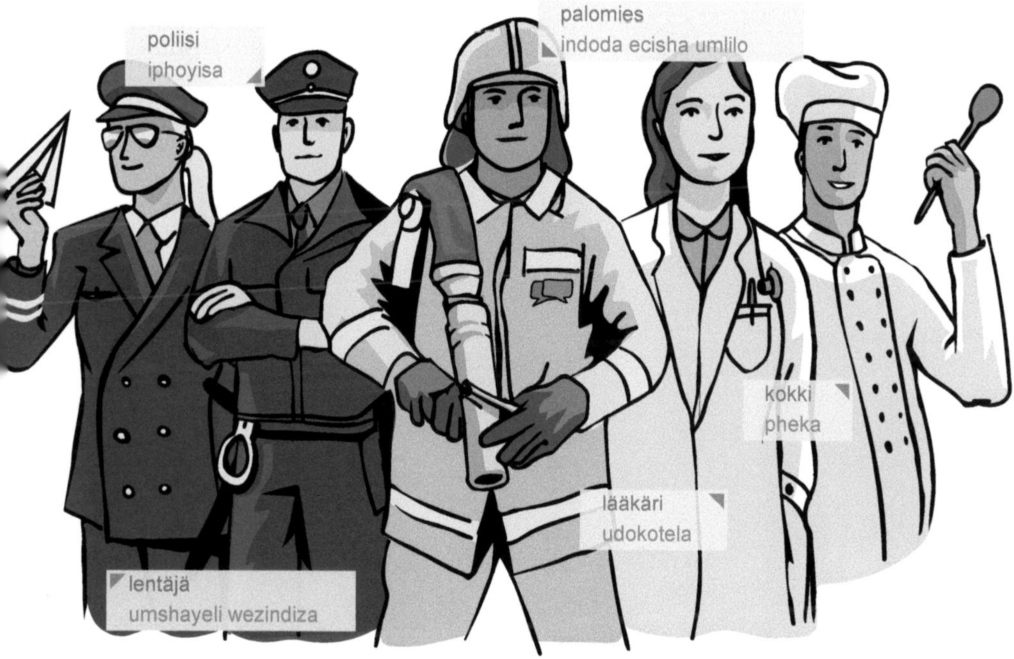
poliisi
iphoyisa
palomies
indoda ecisha umlilo
kokki
pheka
lääkäri
udokotela
lentäjä
umshayeli wezindiza

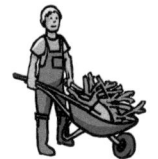

puutarhuri

umuntu onakekela ingadi

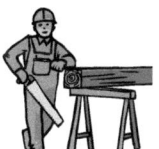

puuseppä

umbazi

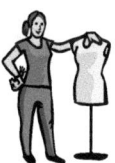

ompelija

umthungi

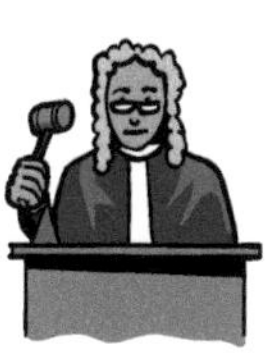

tuomari

ijaji

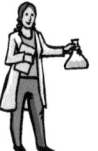

kemisti

umuntu osebenza ekhemisi

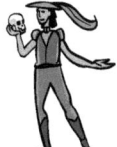

näyttelijä

umlingisi

linja-autonkuljettaja

umshayeli webhasi

taksinkuljettaja

umshayeli wetekisi

kalastaja

indoda edoba izinhlanzi

siivooja

owesifazane ohlanzayo

katontekijä

umuntu olungisa uphahla

tarjoilija

uweyita

metsästäjä

umzingeli

maalari

umuntu opendayo

leipuri

umbhaki

sähköasentaja

umuntu osebenza ngogesi

rakentaja

umakhi

insinööri

unjiniyela

teurastaja

indawo edayisa inyama

putkiasentaja

umuntu osebenza
ngamapayipi

postinjakaja

indoda yaseposini

sotilas

isosha

arkkitehti

umdwebi wezakhiwo

kassanhoitaja

umbali wemali

floristi

umuntu otshala izimbali

kampaaja

umuntu owenza izinwele

konduktööri

umqondisi wasesitimeleni

mekaanikko

umakhenikha

kapteeni

ukaputeni

hammaslääkäri

udokotela wamazinyo

tiedemies

usosayensi

rabbi

urabi

imaami

imam

munkki

indela

pappi

umfundisi

työkalut

amathuluzi

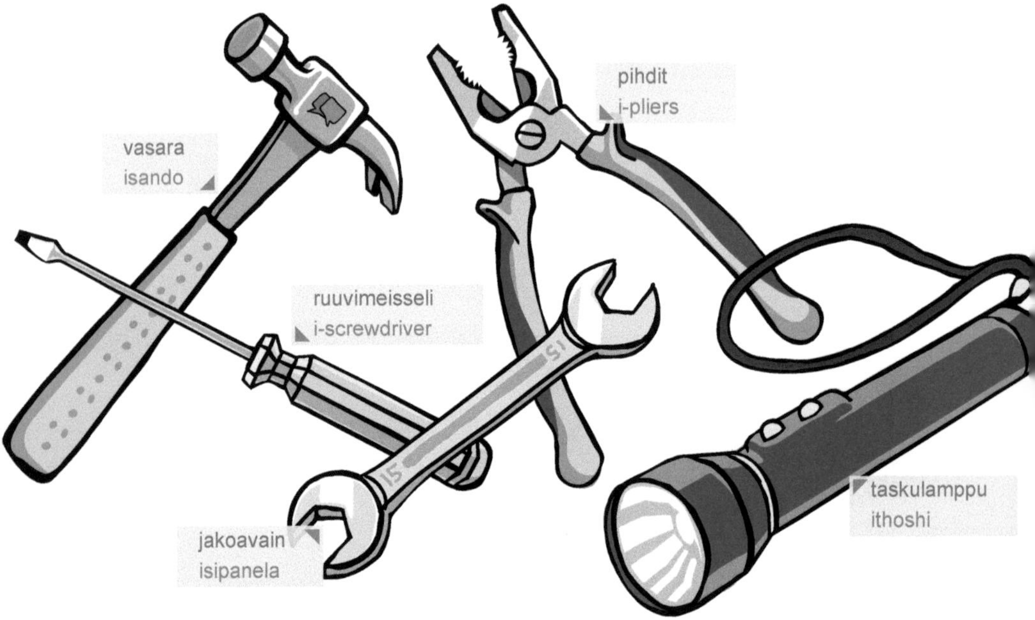
vasara
isando
pihdit
i-pliers
ruuvimeisseli
i-screwdriver
jakoavain
isipanela
taskulamppu
ithoshi

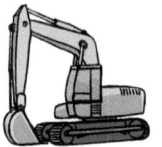

kaivinkone

umshini wokumba

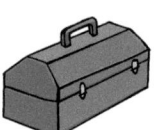

työkalupakki

ibhokisi lamathuluzi

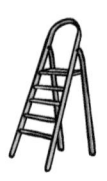

tikkaat

isitebhisi

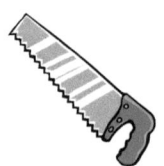

saha

isaha

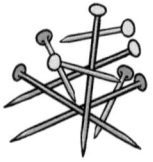

naulat

izinzipho

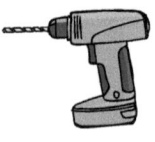

pora

i-drill

korjata
lungisa

lapio
ifosholo

Hitto!
Damethi!

rikkalapio
idastipheni

maalipurkki
ithini likapende

ruuvit
i-screws

soittimet

izinsimbi zomculo

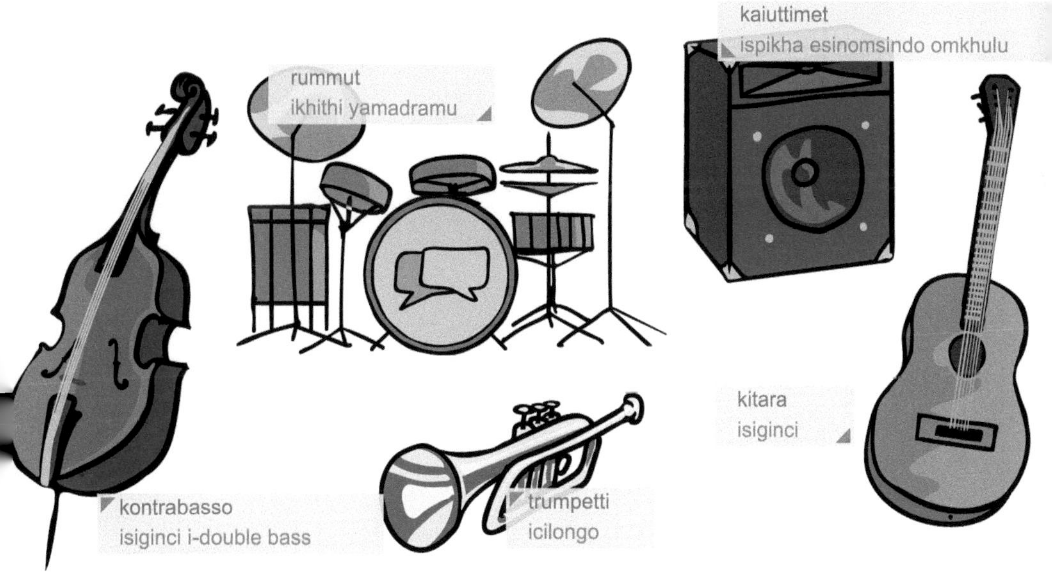

rummut
ikhithi yamadramu

kaiuttimet
ispikha esinomsindo omkhulu

kitara
isiginci

kontrabasso
isiginci i-double bass

trumpetti
icilongo

piano

ipiyano

viulu

ivayolini

basso

i-bass

patarummut

ithimpani

rumpu

amadramu

kosketinsoitin

i-keyboard

saksofoni

i-saxophone

huilu

umtshingo

mikrofoni

imakhrofoni

eläintarha

esiqiwini

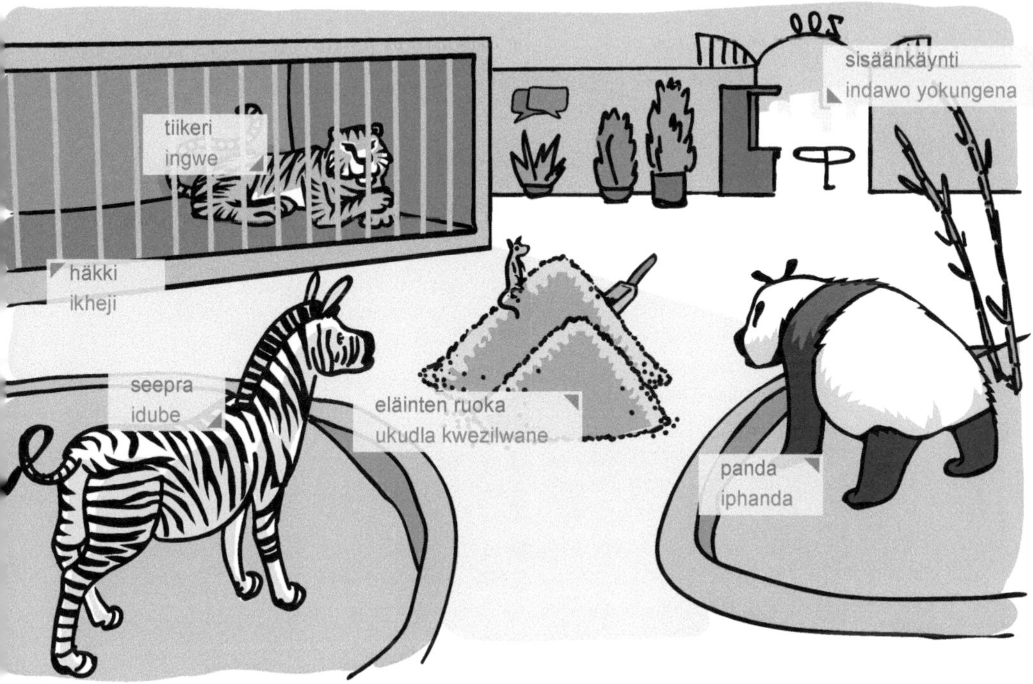

sisäänkäynti
indawo yokungena
tiikeri
ingwe
häkki
ikheji
seepra
idube
eläinten ruoka
ukudla kwezilwane
panda
iphanda

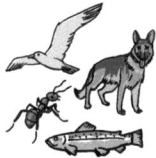

eläimet
izilwane

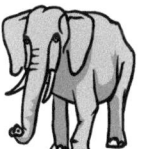

norsu
indlovu

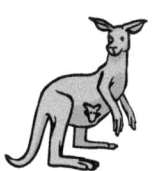

kenguru
ikhangaru

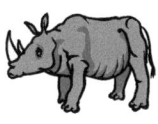

sarvikuono
ubhejane

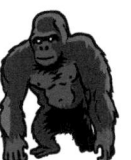

gorilla
igorila

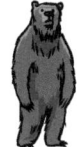

karhu
ibhele

kameli

ikamela

strutsi

intshe

leijona

ingonyama

apina

inkawu

flamingo

i-flamingo

papukaija

upholi

jääkarhu

ibhele laseqhweni

pingviini

iphenguwini

hai

ushaka

riikinkukko

ipigogo

käärme

inyoka

krokotiili

ingwenya

eläintarhanhoitaja

umgcini wezilwane

hylje

isilwane saseqhweni

jaguaari

ijaguwa

poni
iponı

leopardi
ingwe

virtahepo
imvubu

kirahvi
indlulamithi

kotka
ukhozi

villisika
intibane

kala
inhlanzi

kilpikonna
ufudu

mursu
i-walrus

kettu
ujakalase

gaselli
inyamazane igazele

amerikkalainen jalkapallo
ibhola lezinyawo laseMelika

pyöräily
umdlali webhayisikili

tennis
ithenisi

koripallo
ibhola lomnqankiswano

uinti
ukubhukuda

jääkiekko
i-ice hockey

nyrkkeily
isibhakela

jalkapallo

ibhola lezinyawo

sulkapallo

i-badminton

yleisurheilu

abasubathi

käsipallo

ibhola lezandla

hiihto

ukushushuluza

poolo

ipolo

aktiviteetit

imisebenzi

hypätä
gxuma
halata
haga
nauraa
hleka
kävellä
hamba
laulaa
cula
unelmoida
phupha
rukoilla
thandaza
suudella
cabuza

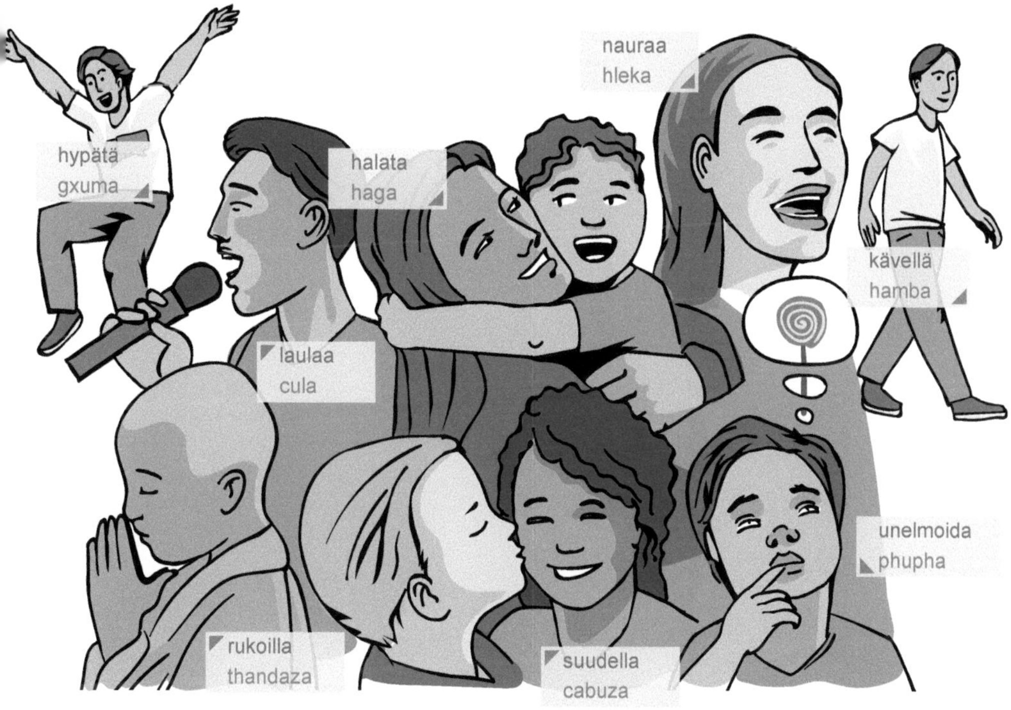

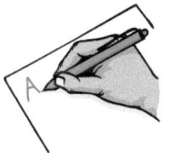

kirjoittaa

bhala

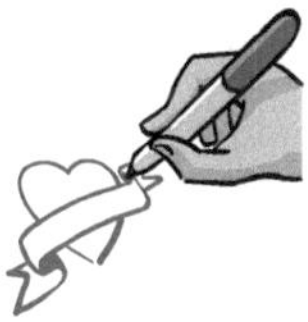

piirtää

dweba

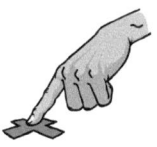

näyttää

bonisa

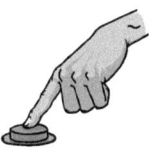

painaa

phusha

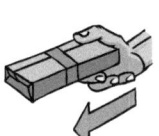

antaa

nikeza

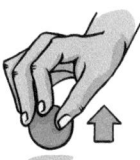

ottaa

thatha

omistaa

yiba

tehdä

yenza

olla

yiba

seisoa

sukuma

juosta

gijima

vetää

donsa

heittää

phonsa

kaatua

yiwa

maata

amanga

odottaa

linda

kantaa

thwala

istua

hlala

pukeutua

gqoka

nukkua

lala

herätä

vuka

katsoa

bukela

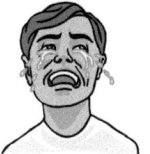

itkeä

khala

silittää

qhweba

kammata

kama

puhua

khuluma

ymmärtää

qonda

kysyä

buza

kuunnella

lalela

juoda

phuza

syödä

idla

siivota

coca

rakastaa

thanda

keittää

pheka

ajaa

shayela

lentää

ndiza

purjehtia

hamba ngomkhumbi

laskea

bala

lukea

funda

oppia

funda

työskennellä

sebenza

mennä naimisiin

shada

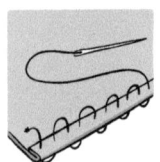

ommella

thunga

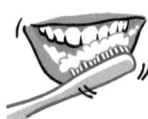

pestä hampaat

geza amazinyo

tappaa

bulala

tupakoida

bhema

lähettää

thumela

perhe
umndeni

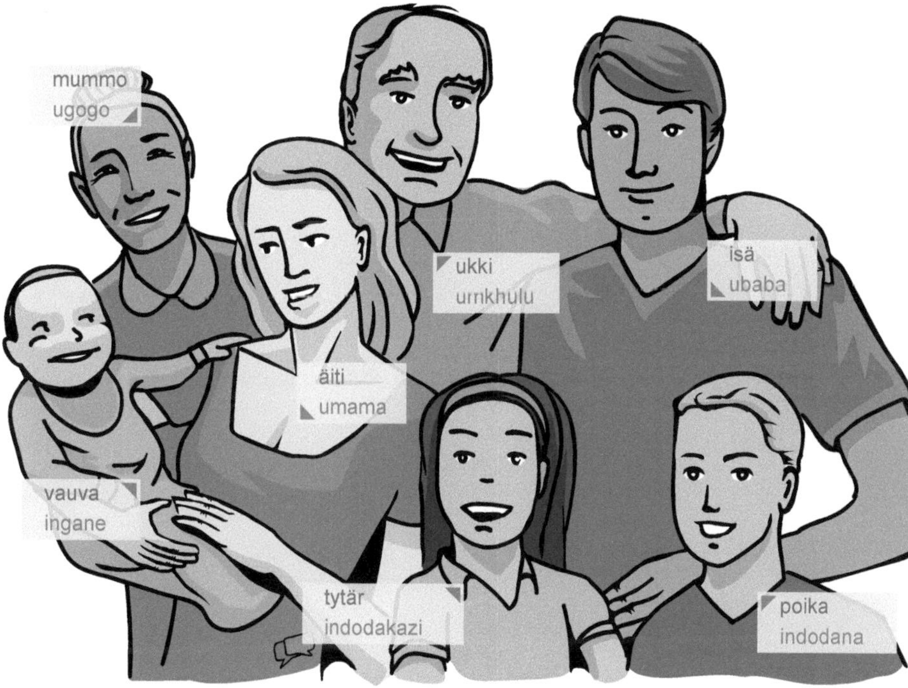
mummo
ugogo
ukki
umkhulu
isä
ubaba
äiti
umama
vauva
ingane
tytär
indodakazi
poika
indodana

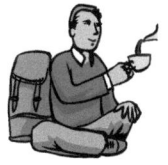

vieras

isivakashi

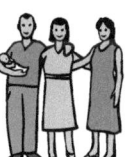

täti

u-anti

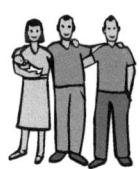

setä

umalume

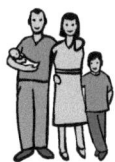

veli

umfowethu

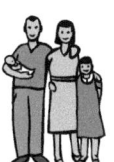

sisko

udadewethu

vartalo
umzimba

otsa
isiphongo
silmä
amehlo
kasvot
ubuso
leuka
isilevu
sormet
umunwe
käsi
isandla
rinta
amabele
käsivarsi
ingalo
olkapää
ihlombe
jalka
umlenze

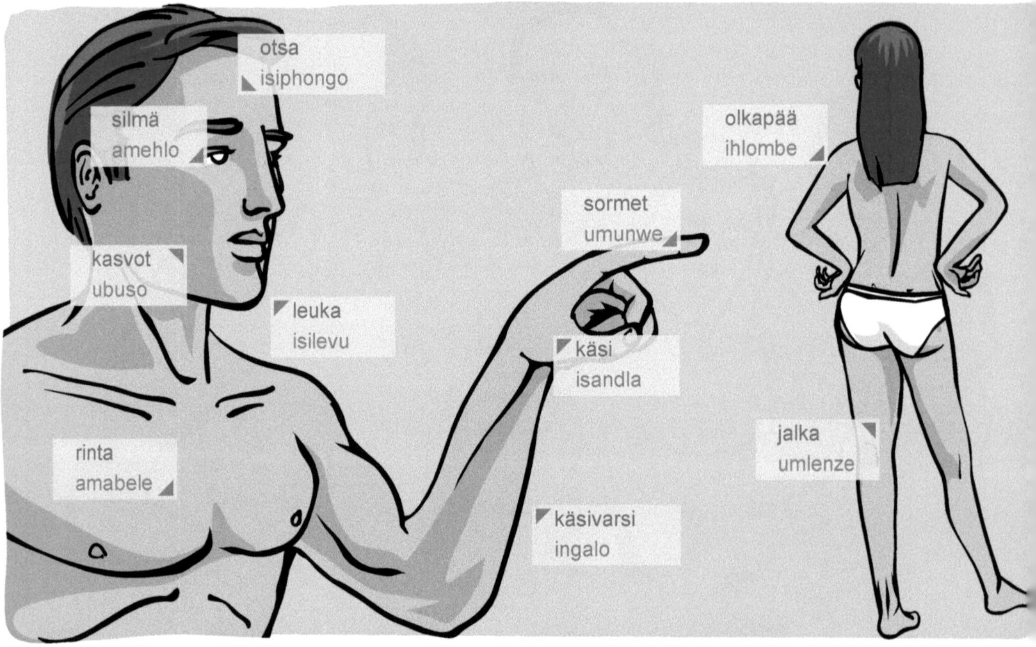

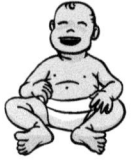

vauva

ingane

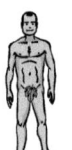

mies

indoda

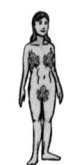

nainen

owesifazane

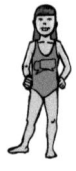

tyttö

intombazane

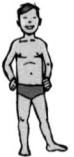

poika

umfana

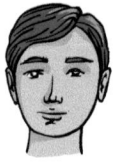

pää

ikhanda

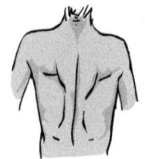

selkä
umhlane

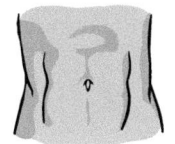

maha
isisu

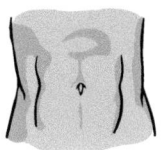

napa
inkaba

varvas
izinzwane

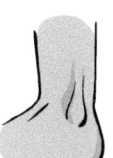

kantapää
isithende

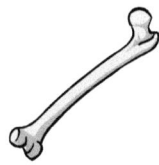

luu
ithambo

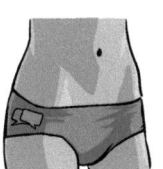

lantio
inqulu

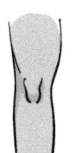

polvi
idolo

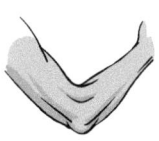

kyynärpää
indololwane

nenä
ikhala

takapuoli
ingenzansi

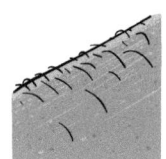

iho
isikhumba

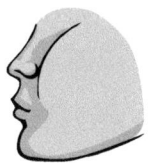

poski
iziqhomo

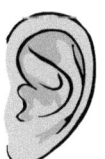

korva
indlebe

huuli
udebe

suu

umlomo

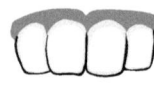

hammas

amazinyo

kieli

ulimu

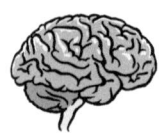

aivot

ingqondo

sydän

inhliziyo

lihas

imasela

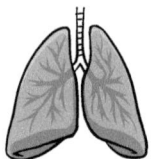

keuhkot

uphaphe

maksa

isibindi

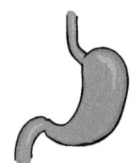

vatsa

isisu

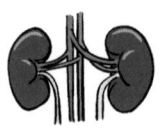

munuaiset

izinso

seksi

ucansi

kondomi

ikhondomu

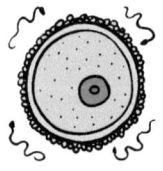

munasolu

iqanda

sperma

isidoda

raskaus

ukukhulelwa

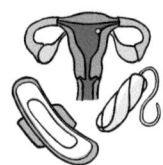

kuukautiset

ukuya esikhathini

vagina

imomozi

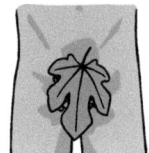

penis

umthondo

kulmakarvat

ishiya

hiukset

izinwele

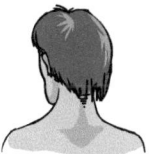

niska

intamo

sairaala
isibhedlela

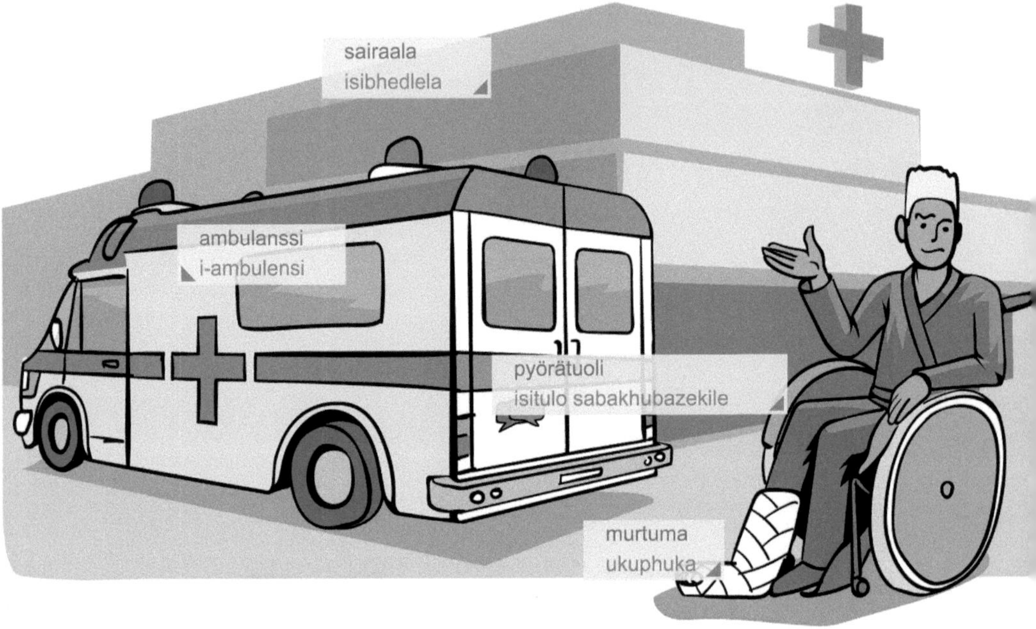

sairaala
isibhedlela
ambulanssi
i-ambulensi
pyörätuoli
isitulo sabakhubazekile
murtuma
ukuphuka

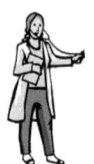

lääkäri

udokotela

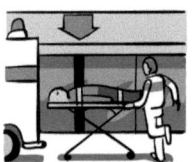

ensiapu

igumbi leziguli ezidinga ukwelashwa okuphuthumayo

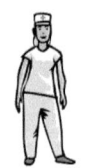

sairaanhoitaja

umhlengikazi

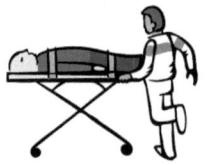

hätätilanne

izimo eziphuthumayo

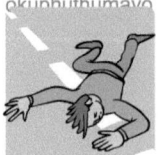

tajuton

ukuquleka

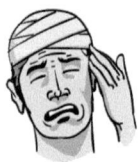

kipu

ubuhlungu

vamma

ukulimala

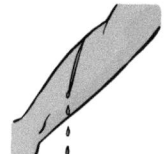

verenvuoto

ukopha

sydänkohtaus

isifo senhliziyo

aivoinfarkti

ukushaywa unhlangothi

allergia

ukungazwani komzimba
nezinto ezithile

yskä

ukukhwehlela

kuume

imfiva

flunssa

umkhuhlane

ripuli

ukuhuda

päänsärky

ukuphathwa ikhanda

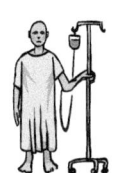

syöpä

umdlavuza

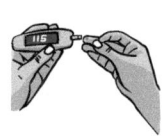

diabetes

isifo sikashukela

kirurgi

udokotela ohlinzayo

veitsi

isikalpheli

leikkaus

ukuhlinzwa

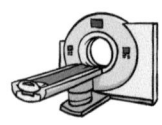

ct

CT

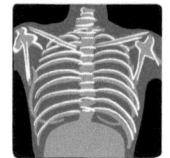

röntgen

i-x-ray

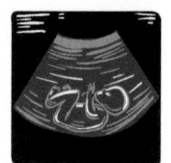

ultraääni

i-ultrasound

maski

imaskhi yasebusweni

sairaus

isifo

odotushuone

igumbi lokulinda

sauva

izinduko zokuhamba

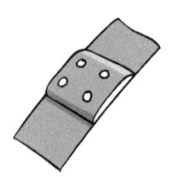

laastari

iplasta

side

ibhandishi

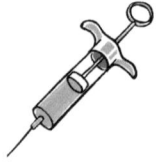

pistos

umjovo

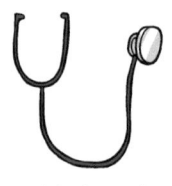

stetoskooppi

izipopolo zikadokotela

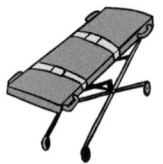

paarit

i-stretcher

kuumemittari

umshini okala izinga
lokushisa

syntymä

ukubeletha

ylipaino

ukukhuluphala ngokweqile

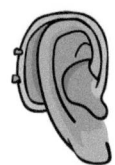

kuulolaite

insizwa yokuzwa

desinfiointiaine

ukungatheleleki

infektio

ukutheleleka

virus

ivariyasi

HIV / AIDS

HIV / AIDS

lääke

umuthi

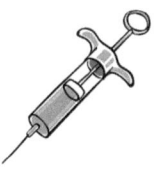

rokotus

umgomo

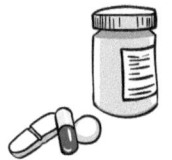

tabletit

amaphilisi

pilleri

amaphilisi

hätäpuhelu

ucingo oluphuthumayo

verenpainemittari

umshini okala umfutho
wegazi

sairas / terve

ukugula / ukuba umqemane

| Apua! | hälytys | ryöstö |
| Sizani! | i-alamu | ukuhlasela |

| hyökkäys | vaara | hätäuloskäynti |
| ukuhlasela | ingozi | indawo yokubalekela ngaphansi kwezimo eziphuthumayo |

| Tulipalo! | palosammutin | onnettomuus |
| Umlimo! | isicimamlilo | ingozi |

| ensiapulaukku | SOS | poliisilaitos |
| ikhithi yosizo lokuqala | SOS | amaphoyisa |

Eurooppa

Europe

Pohjois-Amerikka

North America

Etelä-Amerikka

South America

Afrikka

Africa

Aasia

Asia

Australia

Australia

Atlantin valtameri

Atlantic

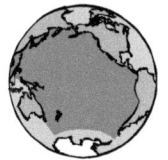

Tyynimeri

Pacific

Intian valtameri

Indian Ocean

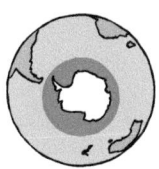

Eteläinen jäämeri

Antarctic Ocean

Pohjoinen jäämeri

Arctic Ocean

pohjoisnapa

North Pole

etelänapa

South Pole

Antarktis

Antarctica

maa

Umhlaba

maa

umhlaba

meri

izilwandle

saari

isiqhingi

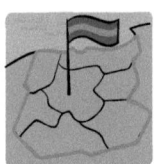

kansa

izwe

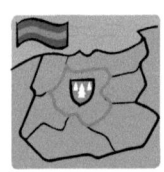

osavaltio

inhlangano engokomthetho

kellotaulu

ubuso bewashi

tuntiviisari

isandla sehora

minuuttiviisari

isandla semizuzu

sekuntiviisari

isandla sesibili

Paljonko kello on?

Ubani isikhathi?

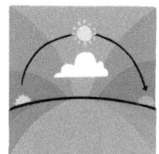

päivä

usuku

aika

isikhathi

nyt

manje

digitaalikello

iwashi lezibalo

minuutti

umzuzu

tunti

ihora

maanantai
UMsombuluko

MO

W
keskiviikko
ULwesithathu

FR
perjantai
ULwesihlanu

TU

TH
lauantai
UMgqibelo

SA

tiistai
ULwesibili

torstai
ULwesine

SO

sunnuntai
ISonto

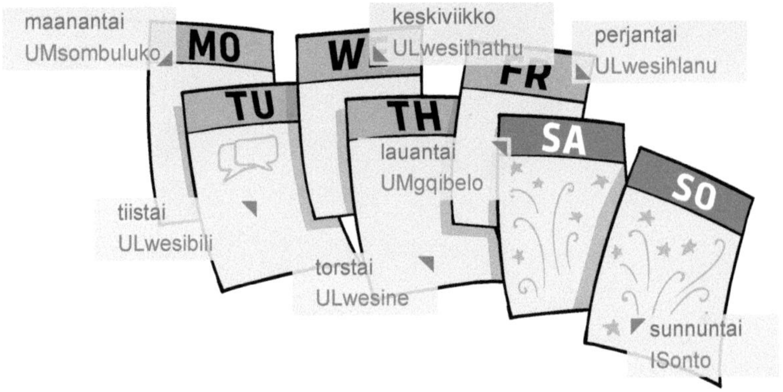

eilen
....
izolo

tänään
....
namhlanje

huomenna
....
kusasa

aamu
....
ekuseni

keskipäivä
....
emini

ilta
....
ntambama

työpäivät
....
izinsuku zeviki

viikonloppu
....
impelasonto

vuosi
unyaka

sade
imvula
sateenkaari
uthingo
lumi
ukukhithika kweqhwa
umoya
kevät
ithwasahlobo
kesä
ihlobo
syksy
ikwindla
talvi
ubusika

4.APRIL 11°
5.APRIL 4°
6.APRIL 13°
7.APRIL 8°
8.APRIL 10°

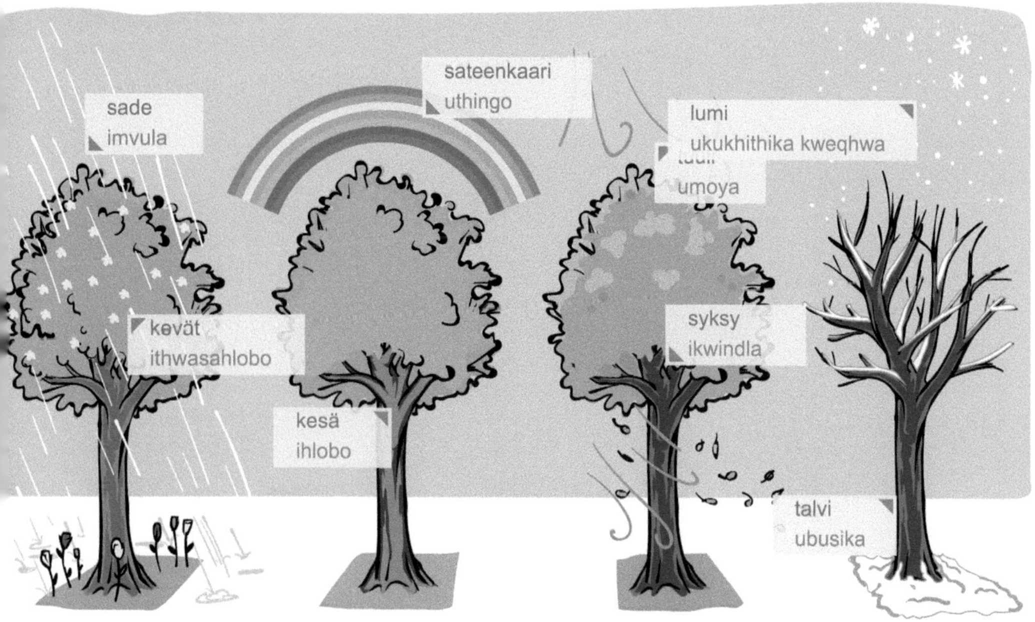

sääennuste

isimo sezulu

F
C
120
90
60
30
0
-30
40
30
20
10
0
-10
-20

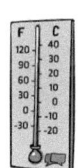

lämpömittari

umshini wezinga lokushisa

auringonpaiste

ukushisa kwelanga

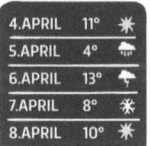

pilvi

amafu

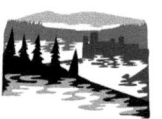

sumu

inkungu

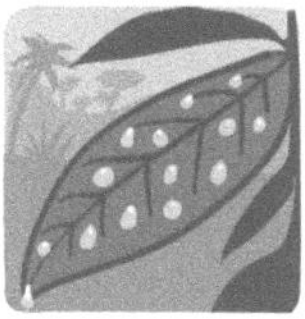

ilmankosteus

umswakama

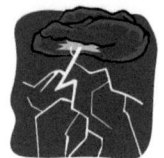

salama

ummbani

ukkonen

ukuduma kwezulu

myrsky

isiphepho

rae

isichotho

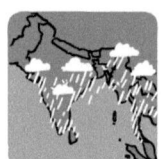

monsuuni

imvula enkulu

tulva

izikhukhula

jää

iqhwa

tammikuu

UMasingana

helmikuu

UNhlolanja

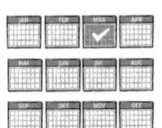

maaliskuu

UNdasa

huhtikuu

UMbasa

toukokuu

UNhlaba

kesäkuu

UNhlangulana

heinäkuu

UNtulikazi

elokuu

UNcwaba

syyskuu
....
UMandulo

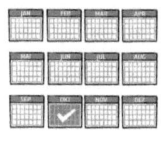

lokakuu
....
UMfumfu

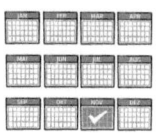

marraskuu
....
ULwezi

joulukuu
....
UZibandlela

muodot
amasheyphu

ympyrä
....
indilinga

neliö
....
isikwele

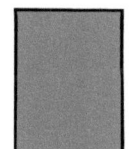

suorakulmio
....
unxande

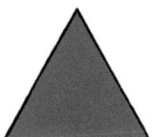

kolmio
....
unxantathu

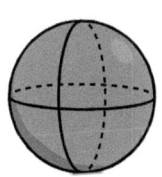

pallo
....
i-sphere

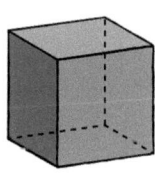

kuutio
....
i-cube

valkoinen

kumhlophe

keltainen

kuphuzi

oranssi

ku-olenji

vaaleanpunainen

kuphinki

punainen

kumbomvu

violetti

kuphephuli

sininen

kuluhlaza
okwesibhakabhaka

vihreä

kuluhlaza

ruskea

kubhrawuni

harmaa

kuphashile

musta

kumnyama

paljon / vähän

kakhulu / kancane

vihainen / ystävällinen

ukucasuka / ubumnene

kaunis / ruma

ubuhle / ububi

alku / loppu

isiqalo / isiphetho

suuri / pieni

kukhulu / kuncane

vaalea / tumma

kuyakhanya / kumnyama

veli / sisko

umfowethu / udadewethu

puhdas / likainen

ukuhlanzeka / ukungcola

täydellinen / epätäydellinen

ukuphelela / ukungapheleli

päivä / yö

imini / ubusuku

kuollut / elävä

ukufa / ukuphila

leveä / kapea

ukuvuleka / ukunyinyeka

syötävä / syömäkelvoton

okudliwayo / okungadliwa

paha / kiltti

ukukhohlakala / umusa

innostunut / tylsistynyt

ukujabula / isithukuthezi

lihava / laiha

ukunona / ukuzaca

ensimmäinen / viimeinen

ukuqala / ukugcina

ystävä / vihollinen

umngane / isitha

täysi / tyhjä

ukugcwala / ukuphela

kova / pehmeä

ubunzima / ukuthamba

painava / kevyt

ukusinda / ukubalula

nälkä / jano

ukulamba / ukoma

sairas / terve

ukugula / ukuba umqemane

laiton / laillinen

ngokomthetho / okungekho
emthethweni

älykäs / tyhmä

ukuhlakanipha /
isiphukuphuku

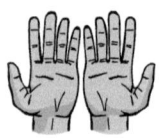

vasen / oikea

isinxele / esokudla

lähellä / kaukana

eduze / kude

uusi / käytetty

kusha / sekusebenzile

ei mitään / jotain

utho / okuthile

vanha / nuori

okudala / okusha

päällä / pois päältä

vuliwe / kucishiwe

auki / kiinni

vula / vala

hiljainen / äänekäs

kuthulekile / kunomsindo

rikas / köyhä

ukuceba / ubumpofu

oikein / väärin

kulungile / akulungile

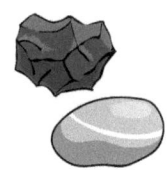

karhea / sileä

kugadlazekile / kuyashelela

surullinen / iloinen

dabuka / jabula

lyhyt / pitkä

kufishane / kude

hidas / nopea

kuyanensa / kuyashesha

märkä / kuiva

ukuba manzi / ukoma

lämmin / viileä

ukufudumala / ukuphola

sota / rauha

ukulwa / ukuthula

0

nolla

uziro

1

yksi

kunye

2

kaksi

kubili

3

kolme

kuthathu

4

neljä

kune

5

viisi

kuhlanu

6

kuusi

isithupha

7

seitsemän

isikhombisa

8

kahdeksan

isishiyagalombili

9

yhdeksän

isishiyagalolunye

10

kymmenen

ishumi

11

yksitoista

ishumi nanye

12

kaksitoista

ishumi nambili

13

kolmetoista

ishumi nantathu

14

neljätoista

ishumi nane

15

viisitoista

ishumi nanhlanu

16

kuusitoista

ishumi nesithupha

17

seitsemäntoista

ishumi nesikhombisa

18

kahdeksantoista

ishumi nesishiyagalombili

19

yhdeksäntoista

ishumi nesishiyagalolunye

20

kaksikymmentä

amashumi amabili

100

sata

ikhulu

1.000

tuhat

inkulungwane

1.000.000

miljoona

izigidi

numerot - izinombolo

englanti

isiNgisi

amerikanenglanti

isiNgisi saseMelika

mandariinikiina

isiMandarin saseShayina

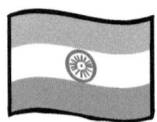

hindi

isiHindi

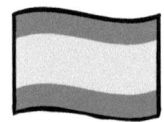

espanja

iSpanishi

ranska

isiFulentshi

arabia

isi-Arabhu

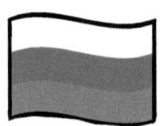

venäjä

isiRashiya

portugali

isiPutukezi

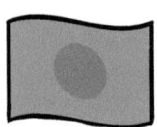

bengali

isiBengali

saksa

isiJalimane

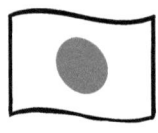

japani

isiJapane

minä

Mina

sinä

wena

hän

u / u / ku

me

thina

te

nina

he

bona

kuka?

ubani?

mitä / mikä?

ini?

miten?

kanjani?

missä?

kuphi?

milloin?

nini?

nimi

igama

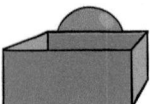

takana
....
ngemuva

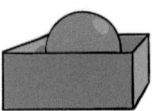

sisällä
....
ngaphakathi

edessä
....
phambi kwe

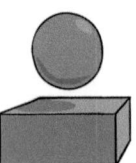

yläpuolella
....
phezulu

päällä
....
ngaphezulu

alapuolella
....
ngaphansi

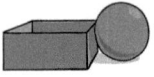

vieressä
....
eceleni

välissä
....
phakathi

paikka
....
indawo